WISSEMBOURG

FRŒSCHWILLER — CHALONS — SEDAN

CHATILLON — LA MALMAISON

Par Y. K.

PARIS
LIBRAIRIE MILITAIRE DE L. BAUDOIN
IMPRIMEUR-ÉDITEUR
30, Rue et Passage Dauphine, 30

—

1896

Tous droits réservés.

WISSEMBOURG

FRŒSCHWILLER — CHALONS — SEDAN

CHATILLON — LA MALMAISON

WISSEMBOURG

FRŒSCHWILLER — CHALONS — SEDAN

CHATILLON — LA MALMAISON.

Dans les livraisons des 1er et 15 mai 1893, le *Spectateur militaire* a publié deux articles dans lesquels un écrivain qui prend le pseudonyme de « Certans » a tenté une réfutation de la relation que nous avons donnée du combat de Châtillon dans le *Journal des Sciences militaires*.

Certans, se faisant l'avocat de M. Alfred Duquet, n'a réussi, nous l'établirons, qu'à confirmer toute l'exactitude de la thèse que nous avons soutenue, et il n'a abouti qu'à mettre en relief, mieux encore que nous ne l'avions fait nous-même, le bien-fondé de nos appréciations.

Et d'abord, nous tenons à dire qu'il se trompe quand il nous croit « parent ou ami » du général Ducrot ; nous n'avions vu le général qu'au feu, devant l'ennemi, et cela à plusieurs reprises, ce qui explique quelque peu les sentiments que nous avons pour sa mémoire, quand, par suite d'une circonstance toute fortuite, nous lui fîmes notre première et malheureusement notre dernière visite un mois avant sa mort.

Ce n'est donc ni à cause de « l'amitié » ni à cause de la « parenté », mais simplement mû par l'amour de la vérité seule, que nous avons répondu à l'auteur de *Paris, Le 4 septembre et Châtillon*, qui nous avait semblé avoir étrangement défiguré les événements.

« Certes, dit notre contradicteur, le combat de Châtillon n'est pas le seul point faible où le général Ducrot ait été touché par

M. Duquet, mais le défenseur du général a préféré, et pour cause, s'en tenir à l'affaire de Châtillon. »

Nous avions lu *Frœschwiller, Châlons, Sedan*, et nous pensions que point n'était besoin de revenir sur des sujets traités par d'autres plus autorisés que nous, dans un sens diamétralement opposé aux conclusions contenues dans l'ouvrage précité, avant et après sa publication [1].

Mais puisque nous y sommes provoqué, nous voulons faire la lumière complète sur les événements auxquels il est fait allusion.

WISSEMBOURG [2]

Nous examinerons d'abord les attaques dont le général Ducrot

---

[1] *Wissembourg*, réponse du général Ducrot à l'état-major allemand, 1872. — Commandant de Chalus, *Wissembourg, Frœschwiller.* — *Retraite sur Châlons*, 1882.
Dans cet ouvrage, le commandant de Chalus exprime le regret que le général Ducrot n'ait pas été investi dès le début des hostilités, d'un commandement important ; il reproduit le projet très étudié qui fut soumis à l'empereur par le général et dont le but était de réunir toutes nos forces pour prendre l'offensive et envahir l'Allemagne avant la concentration de ses armées. (Ce projet a été retrouvé dans les papiers secrets des Tuileries.) Le général Ducrot, dès la déclaration de guerre, insista en vain auprès du maréchal Le Bœuf pour qu'il y fût donné suite, malgré l'imperfection de notre organisation, qui se serait complétée en route ; car mieux que personne il savait, sa correspondance en témoigne, à quelles masses on aurait affaire si on laissait aux Allemands le temps d'achever leur mobilisation. Aussi est-on fort étonné de voir M. Duquet formuler, p. 10, un projet dans le même sens et s'en attribuer la paternité en ajoutant que « ces considérations si naturelles ne vinrent pas à l'idée des généraux français, quoiqu'elles tourmentassent beaucoup leurs adversaires ».
Colonel de Ponchalon, 1893, *Souvenirs de guerre* : relation du combat de Wissembourg ; Cours d'histoire militaire de l'Ecole supérieure de guerre, des Ecoles de Saint-Cyr et de Fontainebleau ; général Ducrot, *La Journée de Sedan*, 1873 ; colonel de Ponchalon, *Souvenirs de guerre* : relation de la journée de Sedan ; *L'Armée de Châlons. Son mouvement vers Metz* (A. G., ancien élève de l'Ecole polytechnique), 1885 ; *La retraite sur Mézières le 31 août et le 1er septembre* (Journal des Sciences militaires 1885) ; colonel (aujourd'hui général) Canonge, *Histoire militaire ; Relation de la bataille de Sedan dans la campagne de 1870* (V. D., général Derrécagaix) 1871. — Avis du conseil d'enquête sur les capitulations, 1872.

[2] Pour suivre la marche des événements en Alsace, consulter la carte de l'état-major au 1/80,000e ; feuilles nos 38 (Wissembourg) 54 (Saverne), et la feuille n° 15 (Strasbourg) de la carte au 1/320,000e publiée par le Dépôt de la guerre en 1854.

a été l'objet à propos de la malheureuse bataille de Wissembourg; elles peuvent se résumer en deux griefs principaux :

1º Le général aurait ordonné au général Douay d'accepter le combat et de rester à Wissembourg ;

2º Il aurait négligé de soutenir la 2ᵉ division engagée ainsi par sa faute dans une lutte inégale.

Voyons en quels termes M. Duquet reprend pour son compte ces accusations qui ne reposent que sur l'ignorance des événements et de la situation faite dans les journées des 3 et 4 août 1870 aux 1ʳᵉ et 2ᵉ divisions du 1ᵉʳ corps :

« On voit quelle masse de combattants allait envelopper la petite division Abel Douay ! Aussi, qui s'expliquera jamais l'idée du général Ducrot, sous les ordres duquel elle avait été placée, de lui prescrire non seulement de rester à Wissembourg, mais d'accepter la bataille, si elle lui était offerte.

« Cette résolution est absolument inconcevable quand on pense que, dans la soirée du 3, on savait à Wœrth que de formidables colonnes ennemies s'approchaient de la frontière. Le général Ducrot et son supérieur le maréchal de Mac-Mahon sont donc impardonnables d'avoir ainsi risqué le sort d'une première bataille, d'avoir causé une première défaite qui devait influencer si fatalement pour nous les deux armées en présence.

« Depuis deux heures et demie que gronde la canonnade, le maréchal et le général Ducrot n'ont-ils donc pris aucune résolution ?

« Quant au général Ducrot, qui se tient aux environs de Lembach, à quoi pense-t-il ?

« Rien ne serait perdu peut-être si le général Ducrot daignait se souvenir qu'une division française se fait écharper depuis quatre heures en exécutant ses ordres.

« Médiocre tacticien, mauvais stratégiste, qui avait laissé écraser à Wissembourg son lieutenant Abel Douay. »

Avant de répondre, il nous faut examiner rapidement ce qui s'est passé en Alsace depuis la déclaration de guerre jusqu'aux premiers jours d'août, cet examen n'ayant été fait que d'une manière fort inexacte et fort incomplète par M. Duquet.

Lorsque la guerre éclata, le général Ducrot commandait provisoirement une division active au camp de Châlons ; il reçut l'ordre du ministre d'aller reprendre immédiatement le commandement de la 6e division militaire.

En arrivant à Strasbourg, le premier acte du général fut d'ordonner l'évacuation des deux mauvaises petites places de Wissembourg et de Lauterbourg, occupées, la première par 300 hommes d'infanterie, la deuxième par 200 hommes de la même arme.

Il prit cette mesure sous sa responsabilité et ne rendit compte au ministre qu'après exécution. Le ministre répondit par le télégraphe : « Il me paraît difficile que vous ne fassiez pas occuper ou au moins protéger par des détachements mobiles Wissembourg et Lauterbourg, afin de garantir nos populations frontières contre des tentatives peu sérieuses, mais nuisibles aux habitants, que votre observation défensive devrait protéger. Les 5e, 2e, 3e, 4e corps ont de forts détachements à proximité de l'extrême frontière et qui sont appuyés par des troupes échelonnées en arrière. Dès que vous serez en situation de le faire, prenez telles dispositions que vous jugerez convenables pour remplir cet objet ».

Le préfet du Bas-Rhin, le sous-préfet de Wissembourg, le comte de Leusse, député du Bas-Rhin et maire de Reichshoffen [1], firent de vaines démarches auprès du général Ducrot pour obtenir la réoccupation de Wissembourg et de Lauterbourg.

Le commandant de la 1re division, chargé de veiller à la formation du 1er corps d'armée, en attendant l'arrivée du maréchal de Mac-Mahon, voulut opérer la concentration des troupes dans des conditions telles qu'elles se trouvassent à *l'abri d'une brusque agression de l'ennemi*, à portée des approvisionnements de toute nature.

En conséquence, il avait préparé l'installation des quatre divisions d'infanterie aux environs de Strasbourg, sur les bords de la Brusche et de l'Ill, la division de cavalerie près de Brumath, formant rideau sur la Zorn, à une marche en avant et poussant ses patrouilles jusqu'à la Lauter, au delà du massif de la forêt de Haguenau.

Lors de l'arrivée du maréchal de Mac-Mahon à Strasbourg, le 23 juillet, le général Ducrot lui rendit compte de ces dispositions

---

[1] Comte DE LEUSSE, *Journal*; général DUCROT, *Wissembourg*.

qui étaient de nature à nous éviter toute surprise au début des hostilités. Le maréchal n'y fit aucune observation.

Il était arrivé en Alsace avec l'intention formelle d'établir le 1ᵉʳ corps sur les crêtes des Vosges, face à l'est, à cheval sur le chemin de fer de Strasbourg à Bitche, afin de se rapprocher du gros de l'armée [1]. Ces projets furent malheureusement modifiés par l'ordre qu'il reçut le 24 juillet du major général « de couvrir la frontière de Bâle à Lauterbourg et aux Vosges, le 7ᵉ corps étant mis à sa disposition pour cet objet ».

L'exécution de cet ordre s'opposait à toute mesure de concentration pour les deux corps; elle les forçait à s'étendre sur un front considérable [2]; elle entraîna la dispersion des éléments du 1ᵉʳ corps, elle amena l'ordre du 2 août.

Le 22 déjà, en exécution d'une décision du ministre, la 2ᵉ division (Douay) avait été envoyée à Haguenau.

Le 26, d'après un ordre reçu dans la nuit du 25 au 26, la 1ʳᵉ division (Ducrot) se portait à Reichshoffen, où elle s'établissait le 27, poussant ses avant-postes jusqu'à la frontière [3].

Ces deux divisions éprouvèrent de grandes difficultés. Rien n'avait été prévu en haut lieu pour l'alimentation pendant la période de concentration [4]; les moyens de transport manquaient : le général Ducrot dut même, pour assurer les subsistances aux troupes sous ses ordres, prendre sous sa responsabilité certaines mesures dont le règlement donna lieu à quelques difficultés après la guerre, les droits du commandement en matière de réquisition n'étant pas encore définis à cette époque [5].

---

[1] Cours d'histoire militaire de l'École supérieure de guerre, années 1886-1887 et 1889-1890; général Ducrot, *Wissembourg*.

[2] Cours d'histoire militaire de l'École supérieure de guerre, années 1886-1887 et 1889-1890.

[3] Ce qui n'empêche pas M. Duquet d'écrire dans *Frœschwiller, Châlons, Sedan*, p. 16 : « Le 31 juillet, les divisions Ducrot, Abel Douay, de Lartigue sont à Strasbourg, la division Raoult du même corps est à Haguenau ».

[4] « Il est facile de préparer, dès le temps de paix, des cantonnements de rassemblement, dit le lieutenant-colonel Bonnal, et les ressources à y faire affluer pendant les quelques jours compris entre la déclaration de guerre et les transports des troupes. Cette précaution n'avait pas été prise, en ce qui concerne les subsistances, par les Allemands en 1870. Il en est résulté de grandes privations pour les troupes, surtout à la 1ʳᵉ armée. L'omission a été comblée depuis, non seulement en Allemagne, mais aussi en France. »

[5] Lire à ce sujet les lettres adressées au général Ducrot par le comte de Leusse.

Il faut lire la déposition du général Ducrot devant la commission des marchés (séance du 26 mars 1873) pour se faire une idée des difficultés multiples au milieu desquelles se passèrent les journées des 28, 29 et 30 juillet ; tout manquait, il fallut improviser et faire flèche de tout bois [1].

Le 2 août [2] le général reçut l'ordre de mouvement suivant :

ARMÉE DU RHIN.   Au quartier général à Strasbourg, le 2 août 1870.

1ᵉʳ CORPS.

État-major général.

N° 4.

« La 1ʳᵉ division quittera ses positions le 4 au matin pour aller s'établir à *Lembach où se trouvera l'état-major de la division ;* elle aura un régiment à Nothweiler, un bataillon à Ober-

---

[1] La question d'alimentation à Reichshoffen était tellement insoluble que, le 30 juillet, le général Ducrot écrivait au maréchal pour lui demander l'autorisation « de faire occuper Wissembourg par trois compagnies du 96ᵉ et deux escadrons du 2ᵉ lanciers » ; il ajoutait que « l'établissement du Pigeonnier donnerait à ce détachement toute sécurité ». Le commandant de la 1ʳᵉ division avait ordonné, nous l'avons vu, l'évacuation de Wissembourg et de Lauterbourg, malgré toutes les réclamations, mêmes celles de l'intendance, au moment où il prescrivait le rassemblement des divisions du 1ᵉʳ corps aux environs de Strasbourg : dans cette hypothèse, en effet, les détachements occupant ces deux places eussent été trop éloignés et il était préférable de laisser à la cavalerie le soin de couvrir la zone frontière. Mais dès l'instant que le maréchal avait envoyé la première division à Reichshoffen avec des postes à l'extrême frontière, notamment au Pigeonnier, à 4 kilomètres de Wissembourg, il n'y avait plus de raisons, en face des difficultés que l'on avait à nourrir les troupes, pour se priver des ressources de cette place qui avait une manutention pouvant donner 30,000 rations par vingt-quatre heures et des magasins, alors que l'intendance prétendait, non sans raison, que son évacuation lui avait enlevé une partie de ses moyens d'approvisionnement, et il devenait nécessaire de mettre les services qui auraient à y fonctionner à l'abri des insultes des reconnaissances et des patrouilles ennemies. Bien que le maréchal n'y ait pas donné satisfaction, la demande faite, le 30 juillet, par le général Ducrot était absolument logique et inspirée par les nécessités d'une situation qui s'était modifiée.

[2] Le 1ᵉʳ août, dans une lettre au général Dejean, alors ministre de la guerre, le maréchal Le Bœuf, major-général, avait exprimé l'intention de l'empereur de porter au plus tôt le 7ᵉ corps (Douay) vers la basse Alsace, avec le 1ᵉʳ qui aurait été dirigé de Strasbourg sur Haguenau. Le maréchal de Mac-Mahon, prévenu de ces projets et préoccupé des demandes réitérées de la municipalité de Wissembourg au sujet des incursions des patrouilles bava-

steinbach et un régiment à Clinbach. Il y aura à Lembach une brigade, le bataillon de chasseurs, l'artillerie et le génie.

« Le général Ducrot donnera les ordres de détail pour l'emplacement des troupes de toutes armes.

« Il aura sous ses ordres la 2ᵉ division d'infanterie qui aura sa droite à Altenstadt et occupera Wissembourg *où se trouvera l'état-major de la division*, Weiler et les positions environnantes ainsi que le col du Pigeonnier, par lequel elle se reliera avec la 1ʳᵉ division.

« La 1ʳᵉ brigade de cavalerie, composée du 3ᵉ hussards et du 11ᵉ chasseurs, s'établira le même jour au Geisberg de façon à se relier avec la 2ᵉ division d'infanterie et à l'éclairer sur sa droite jusqu'à Schleithal.

« Le général de Septeuil recevra les instructions du général Ducrot sur l'emplacement que chaque corps doit occuper et sur le rôle qu'il devra jouer.

« Le général Ducrot, connaissant le terrain de Wissembourg et des environs, se chargera d'indiquer les emplacements à assigner aux divers corps de la division Dou

« Le Maréchal commandant le 1ᵉʳ corps :
« *Pour ordre :*
« Le général chef d'état-major,
« Colson. »

Avant d'aller plus loin examinons cet ordre.

Aujourd'hui que les idées sont devenues saines en matière de conduite de troupes, aujourd'hui que les principes mis en lumière, entre autres par des hommes tels que le général Maillard et le colonel Bonnal, commencent à devenir doctrine, on reste confondu en lisant de telles prescriptions.

Elles sont le reflet fidèle du dispositif en cordon adopté pour l'ensemble de l'armée, qui rappelle un dispositif de douaniers contre la contrebande et n'a rien d'un ordre militaire.

---

roises, se décida à modifier l'emplacement de ses troupes. Il donna, en conséquence, l'ordre du 2 août (général Derrécagaix, *La guerre moderne*, 1ʳᵉ partie, Stratégie). — Le maréchal fut avisé des intentions de l'empereur par le grand quartier général (Cours d'histoire militaire de l'Ecole supérieure de guerre, 1889-1890).

Et d'abord la contradiction existe partout :

Le général Ducrot aura sous ses ordres la 2ᵉ division d'infanterie qui aura sa droite à Altenstadt et occupera Wissembourg où se trouvera l'état-major de la division, Weiler, etc.

. . . .

et plus loin : « *le général Ducrot, connaissant le terrain de Wissembourg et des environs, se chargera d'indiquer les emplacements à assigner aux divers corps de la division Douay.* »

« *La 1ʳᵉ brigade de cavalerie, composée du 3ᵉ hussards et du 11ᵉ chasseurs, s'établira le même jour au Geisberg* (c'est son emplacement), *de façon à se relier avec la 2ᵉ division d'infanterie et à l'éclairer sur la droite jusqu'à Schleithal* » (c'est son rôle et quel rôle !)..... Et ensuite : « ..... *le général de Septeuil recevra les instruction du général Ducrot sur l'emplacement que chaque corps doit occuper et sur le rôle qu'il doit jouer.* »

Il n'y a donc pas lieu de s'éclairer sur le front en avant de Wissembourg mais seulement sur la droite. Que peut bien signifier la « liaison » de la brigade de Septeuil qui campe au Geisberg, avec la 2ᵉ division qui est en avant d'elle au bord de la Lauter ? Quelles prescriptions puériles ! D'ailleurs, la préoccupation des positions à prendre et la liaison, conséquence des tendances linéaires et défensives de l'époque, revient constamment. *Prendre position, assurer sa liaison*, sont les termes inévitables que l'on rencontre dans tous les ordres de l'armée du Rhin. Ils contenaient en germe les désastres qui allaient l'accabler.

« *La brigade de cavalerie s'établira le même soir au Geisberg.....* »

Il semblerait que la marche de cette cavalerie doive être indépendante de celle de la 2ᵉ division, qu'elle n'aura pas à l'éclairer ni à couvrir l'installation des camps et des avant-postes d'infanterie en se portant au delà de la Lauter. Il semble que son unique mission soit de s'en aller pour son compte camper derrière le Geisberg.

Le gros de la 1ʳᵉ division à Lembach, 16 kilomètres de Wissembourg, est trop loin de la division Douay, d'autant plus que cette première division a un régiment à Nothweiler, 8 kilomètres nord-est de Clinbach, un bataillon à Obersteinbach, 16 kilomètres nord-est de Lembach, pour assurer sa liaison avec le 5ᵉ corps.

Enfin la prescription qui plaçait le général Douay sous les ordres du général Ducrot était faite dans des conditions vicieuses, inexécutables; il fallait alors réunir ces deux divisions en un seul groupe; au lieu de cela le commandant de la 1re division continuait à être directement, de sa personne, à la tête de ses propres troupes auxquelles des emplacements spéciaux et séparés étaient assignés par le commandant du 1er corps; son quartier général lui était marqué, à l'issue de la marche qui devait se faire le 4[1], loin de celui du général Douay; il devait porter sa propre division de Reichshoffen sur Lembach pendant que la 2e devait marcher de Haguenau sur Wissembourg; ces deux itinéraires distants en moyenne de 10 kilomètres à vol d'oiseau, séparés par le massif montagneux et boisé du Hoch-Wald, rendaient problématique l'appui réciproque que devaient pouvoir se prêter les deux colonnes en cas de rencontre avec l'adversaire, sauf dans la dernière partie de leur marche.

L'exécution d'un tel ordre eût comporté la remise provisoire du commandement de la 1re division par le général Ducrot entre les mains de son plus ancien brigadier, et toute liberté pour lui, une fois le but assigné, de régler la marche et les emplacements des deux divisions.

Dans les conditions qui lui étaient imposées, il ne pouvait quitter ses propres troupes et aller se mettre à la tête de la 2e division, annihilant ainsi le général Douay, et il dut se borner, comme nous le verrons, à adresser à ce dernier des instructions très sages qui nous auraient évité l'échec de Wissembourg, si l'on s'y fût conformé.

Enfin, « ... Altenstadt, Wissembourg, Weiler, situés au fond de la vallée de la Lauter, sont de tous côtés dominés par des hauteurs et débordés à droite par les épaisses forêts du Bren-

---

[1] On remarquera que le 4 août au matin, dit le colonel Bonnal, la 2e division est à Wissembourg, que les trois autres sont en marche, la 1re, de Reichshoffen à Lembach ; la 3e, de Haguenau à Reichshoffen ; la 4e, de Strasbourg à Haguenau.
Les quatre divisions du 1er corps sont donc échelonnées ce jour-là sur une seule route, depuis Strasbourg jusqu'à Wissembourg, occupant ainsi une profondeur de 75 à 80 kilomètres. Ce dispositif rappelle le fractionnement d'un régiment voyageant par étapes pour changer de garnison. (*L'Invasion de l'Alsace et la bataille de Frœschwiller*, études de tactique générale, par le colonel BONNAL, de l'Ecole supérieure de guerre, p. 79.)

Wald et du Mundat, de telle sorte que les Allemands, amenant leurs masses complètement à couvert, auraient pu prendre position sur nos lignes de retraite, avant même que la division Douay, enfoncée dans cette sorte d'entonnoir, eût été informée de leur marche et de leur présence [1]. »

Nous ne saurions admettre un seul instant que l'ordre n° 4 que nous venons d'examiner soit l'œuvre personnelle du maréchal de Mac-Mahon [2].

Il avait trop d'expérience et d'habitude de la guerre pour donner un pareil ordre. Les termes de la rédaction, le fait que ce document porte la signature du chef d'état-major du 1er corps prouvent que le duc de Magenta, après avoir exposé ses intentions, a laissé à son état-major le soin de les développer. En tout cas la première excuse de celui, quel qu'il soit, qui a rédigé cet ordre, est dans la nécessité de se conformer aux instructions du major général ordonnant, nous l'avons vu, aux 1er et 7e corps de surveiller la frontière, des Vosges à Bâle, et aux intentions de l'empereur, exprimées par le maréchal Le Bœuf, le 1er août.

La deuxième excuse est que, comme le dit le colonel Bonnal : « On ne peut échapper à l'influence du milieu et que le concept

---

[1] Cela serait infailliblement arrivé si la division Douay avait exactement occupé, le 3 au soir, les emplacements indiqués par le maréchal, emplacements qui furent heureusement modifiés par le général Ducrot.
Général Ducrot, *Wissembourg*, p. 11. Cette appréciation est reproduite à la page 29 de *Frœschwiller, Châlons, Sedan*, mais M. Duquet la fait précéder, également entre guillemets, de cette phrase : « Dans son ordre n° 4, dit le général Ducrot, le maréchal de Mac-Mahon avait, *assez à la légère*, indiqué l'occupation d'Altenstadt, de Wissembourg et de Weiler ». Or, il n'y a pas un mot de semblable dans le texte du général Ducrot que nous avons intégralement reproduit.

[2] Commentant la lettre écrite, le 6 août, au général de Failly par le maréchal de Mac-Mahon, le colonel Bonnal ajoute : « En critiquant le fond et la forme de la lettre qui précède, nous n'avons naturellement pas voulu porter atteinte au commandant en chef de l'armée d'Alsace ; notre but a été tout différent. Encore une fois, nous professons le plus grand respect, la vénération la plus sincère pour les chefs qui ont fait preuve, comme le maréchal de Mac-Mahon et les généraux sous ses ordres, des plus hautes vertus militaires, aussi bien à Frœschwiller que sur les champs de bataille d'Algérie, de Crimée et d'Italie ». Avons-nous besoin d'ajouter que nos sentiments sont les mêmes pour le chef illustre qui a été plus grand encore dans la défaite que dans la victoire. Ce n'est donc pas le maréchal de Mac-Mahon que nous nous permettons de critiquer, mais bien les tendances et les doctrines d'une époque.

de la guerre était radicalement faux dans notre armée au moment de la catastrophe de 1870 [1].

« Les vertus militaires ne suffisent pas, ajoute-t-il, pour obtenir la victoire. C'est pourquoi nous avons voulu faire toucher du doigt le mal qui rongeait l'état-major français, en 1870, que ce mal s'appelle légèreté, ignorance ou fausse doctrine. »

Il y a lieu, en effet, de se poser la question suivante :

N'était-il pas possible au commandant du 1er corps de concilier dans une certaine mesure les déplorables prescriptions du major général avec la nécessité de conserver ses troupes réunies et en situation d'être averties à temps de l'approche de l'ennemi ?

Sans entrer trop avant dans le détail, il est facile de constater que le maréchal pouvait, le 4 août au matin, porter ses quatre divisions à Wœrth, Soultz-sous-Forêts, Surbourg et Hemerswiller, en poussant une brigade d'infanterie et deux batteries en avantg-arde à Ingolsheim et au bois de Grossenwald ; sur la gauche, un bataillon détaché de Wœrth, à Langensoultzbach et à Mattstal ; un autre, détaché du gros, sur le flanc droit, vers Trimbach.

Il disposait, à la date du 3, de 26 escadrons qui, portés en avant du front, de manière à surveiller la Lauter et le Rhin par leurs patrouilles, pouvaient en outre assurer sa liaison avec le 5e corps, *puisque liaison* [2] *on réclamait*, et pousser des reconnaissances en pays ennemi.

---

[1] C'est précisément parce que de longues études nous ont amené à constater que les idées et les procédés du général Ducrot contrastaient avec les habitudes répandues dans nos rangs lors de la guerre franco-allemande, que nous répondons aux critiques d'écrivains étrangers à l'armée, manquant non seulement d'expérience, mais aussi d'instruction militaire et de jugement.

[2] On comprend la liaison quand il s'agit des diverses parties d'un système d'avant-postes non loin de l'ennemi, mais il faut donner à ce terme un autre sens quand il s'agit de deux corps d'armée en présence d'un adversaire ; dans ce cas, ces deux corps sont en liaison quand la distance entre eux est telle que leur action commune se trouvera assurée en cas d'attaque ; cette distance est donc fonction de l'éloignement de l'adversaire et de la capacité de résistance des avant-postes ; mais il n'y a pas liaison parce que les deux groupes hors d'état, par suite de l'intervalle qui les sépare, de se réunir en temps voulu, ont entre eux une chaîne de postes ou de petits détachements qui ne sont qu'un affaiblissement et constituent pour les troupes une fatigue inutile ; quelques pelotons de cavalerie suffisent pour cet objet. Dans le premier cas, il y a liaison effective même sans postes intermédiaires ; dans le deuxième, il y a séparation réelle, malgré la présence de ces postes plus ou moins nombreux.

Il se préservait contre toute surprise, était en état de procurer quelques renseignements sur l'ennemi et pouvait, en cas d'attaque, se concentrer en temps voulu puisque tout mouvement important des Allemands lui aurait été signalé au plus tard quand leurs colonnes auraient atteint la Lauter, et qu'à ce moment il lui aurait fallu moins de temps pour grouper ses forces relativement très rapprochées qu'à son adversaire pour se porter jusqu'à Soultz-sous-Forêts. Il conservait donc sa liberté de manœuvre puisqu'il se ménageait du temps et de l'espace, soit qu'il voulût accepter le combat, tenter un mouvement offensif ou, ce qui eût mieux convenu dans sa situation, différer tout engagement jusqu'à sa jonction avec le 5ᵉ corps mis à sa disposition dès le 4 août; si l'on tient compte de l'entrée en France, à cette même date, de la IIIᵉ armée allemande, on voit que cette jonction était facile à assurer dans la soirée du 6, ou dans la matinée du 7 au plus tard, sur la ligne de la Zorn[1]. Renforcé en outre de deux divisions du 7ᵉ corps (Douay), le maréchal eût donc pu attaquer le prince royal avec des chances de succès[2], ou, tout au moins puisque la défensive était alors de mode, l'attendre sur la Zorn dans de bien meilleures conditions qu'à Frœschwiller, avec le double obstacle de la rivière et du canal de la Marne au Rhin sur son front; le canal couvrant en outre son flanc droit, il pouvait en détruire les ponts, conservant toutefois, en avant de la gauche de sa ligne, des moyens de passage soigneusement mis en état de défense; il se fût ainsi ménagé des

---

C'est toujours le *cordon* contre lequel s'élevait Napoléon lorsqu'il écrivait, en 1808, au major-général : « Est-ce qu'on a adopté le système des cordons? Est-ce qu'on veut empêcher la contrebande de passer à l'ennemi? Ne sait-on pas que de Frias à Bilbao et à Santander, il y a quatre ou cinq jours de marche? Qu'est-ce qui peut conseiller au roi de faire des cordons? Après dix années de guerre doit-on en revenir à ces bêtises-là? » Si Napoléon III et son major-général eussent lu et médité ces lignes, ils nous auraient évité bien des malheurs.

[1] La forêt de Haguenau, qui pouvait être disputée sur la lisière septentrionale par des arrière-gardes, eût masqué et facilité le mouvement. La marche du 5ᵉ corps pouvait se faire par la route Bitche — Lemberg — Ingwiller — Bouxwiller — Hochfelden, et au besoin, suivant la marche des événements, par la route Bitche — Lemberg — Ingwiller — Neuviller — Steinburg, et par celle de Bitche — La Petite-Pierre — Saverne.

[2] « Il (le maréchal de Mac-Mahon) apprécie à leur valeur les forces de la IIIᵉ armée quand il juge nécessaire l'adjonction d'un corps d'armée de Lorraine pour prendre l'offensive. » (Colonel BONNAL.)

possibilités de contre-offensive au moment voulu[1]. Mais le maréchal avait seul qualité pour ordonner des mouvements de cette nature.

Au reçu de son ordre du 2 août, le général Ducrot comptait voir le général Douay dans la journée du 3 ; mais dans la nuit du 2 au 3, il fut avisé que le mouvement de la 2ᵉ division, au reçu d'une dépêche du sous-préfet de Wissembourg, aurait lieu le 3 au lieu du 4, la marche du gros des troupes de la 1ʳᵉ division restant fixée au 4 ; il ne put que rédiger à la hâte la lettre suivante qui fut expédiée par le capitaine Bossan, qui rejoignit le général Douay à Soultz, dans la journée du 3 :

1ᵉʳ CORPS. — 1ʳᵉ DIVISION.

Cabinet du général.   Reichshoffen, le 3 août 1870.

« Mon cher général,

« Comme je vous l'ai dit par ma dépêche de cette nuit, *hier soir, à 5 heures*, j'étais au Pigeonnier avec le colonel du 96ᵉ qui

---

[1] Il ne faut pas objecter que la concentration sur la Zorn aurait rendu impossible la retraite en cas d'échec sur le gros de nos forces en Lorraine. La retraite sur Metz (nous ne disons pas sur Saint-Avold) restait réalisable par Sarrebourg, Château-Salins et Pont-à-Mousson. Le maréchal eût-il été forcé d'infléchir sa marche vers le sud par Molsheim, Schirmeck, Baccarat, Lunéville et Nancy où il pouvait être le 11 ou le 12, qu'il lui était très simple encore de gagner Metz par la rive gauche de la Moselle. Un temps d'arrêt défensif sur les Vosges eût alors été admissible, car outre que la partie méridionale de la chaîne présente des obstacles autrement sérieux que la partie septentrionale, elle n'était pas prise immédiatement à revers par la IIᵉ armée atteignant la Sarre ; ce qui fût infailliblement arrivé si le maréchal, après son échec de Frœschwiller, eût tenté la défense des défilés au nord de Saverne, ce que lui reprochent de n'avoir pas fait M. Duquet et d'autres écrivains qui ne se rendent pas compte que cette portion des Vosges, qui d'ailleurs n'est plus un pays de hautes montagnes, ne pouvait être défendue contre un ennemi venant d'Alsace qu'à la condition que la ligne de la Sarre n'eût pas été perdue par notre armée de Lorraine. En tous cas, si le maréchal, battu le 7 sur la Zorn, se fût replié sur Belfort d'où il pouvait gagner Dijon et Langres, et au besoin le Morvan, c'eût été là un mouvement bien préférable à celui qui ramena son armée à Châlons ; d'ailleurs, il faut dire que si une retraite sur Metz nous permettait de réunir toutes nos forces aux environs de cette place, elle y faisait aussi converger les trois armées allemandes et nous nous serions retrouvés par suite dans le même état d'infériorité. Mais nous estimons que si le maréchal avait diposé, le 7, sur la Zorn, les 1ᵉʳ, 5ᵉ et 7ᵉ corps, il eût eu beaucoup plus à se préoccuper de la *poursuite* que de la retraite à l'issue de la bataille. Ce qui s'est passé à Frœschwiller n'est pas fait pour nous démentir.

occupe cette position depuis quelques jours et a poussé des reconnaissances dans toutes les directions.

« Il ne pense pas que l'ennemi soit en force dans nos environs, *du moins à une distance assez rapprochée pour entreprendre immédiatement quelque chose de sérieux ; toutefois, pour parer à toute éventualité,* je pense qu'il est convenable de prendre les dispositions suivantes :

« Ainsi que vous en avez reçu l'ordre de son Excellence le maréchal, vous vous porterez sur Wissembourg avec votre division, le 3ᵉ hussards et deux escadrons du 11ᵉ chasseurs. Vous établirez votre 1ʳᵉ division sur le plateau de Geisberg, la 2ᵉ à gauche, sur le plateau de Vogelsberg, occupant ainsi la ligne des crêtes qui, par la route de Wissembourg à Bitche, se relie avec le Pigeonnier. La cavalerie[1] et l'artillerie seront en seconde ligne, sur le versant sud-ouest du mouvement de terrain. *Je pense d'ailleurs qu'il vous sera facile de défiler les troupes.*

« Vous ferez entrer ce soir même un bataillon dans Wissembourg ; demain, de bonne heure, vous enverrez un régiment de la 2ᵉ brigade relever le 96ᵉ, dans la position qu'il occupe entre Clinbach, le Pigeonnier et Pfaffenschlick ; le 96ᵉ se portera en avant dans la direction de Nothweiler ; un de ses *avant-postes* sera établi à droite à Durrenberg, se reliant ainsi à la gauche de votre division à Clinbach. Ma gauche sera à Obersteinbach[2], où elle se reliera avec la droite du 5ᵉ corps, à Hulzelhof.

« Mon quartier et le gros de ma division sera à Lembach. Vous pourrez établir votre quartier général soit au Geisberg, soit à Oberhoffen, soit à Roth.

« L'escadron du 3ᵉ hussards qui est en ce moment à Clinbach y restera provisoirement ; mais il est probable que je *conserverai seulement un peloton* et que j'enverrai le reste après-demain rejoindre le régiment.

« *Il est bien entendu que cette brigade de cavalerie est placée sous vos ordres immédiats et que vous l'utiliserez pour vous éclairer soit en avant de Wissembourg, soit à droite dans la direction de Lauterbourg.*

---

[1] Celle non employée au service de reconnaissance indiquée plus loin dans cet ordre.

[2] La gauche des avant-postes de la 1ʳᵉ division, conformément aux ordres du maréchal.

« Aussitôt que Wissembourg aura été occupé par un de vos bataillons, je vous prie de faire examiner la situation de la manutention, de relever les accessoires qui peuvent y manquer, de les faire fabriquer sur place ou à Strasbourg, ou à Haguenau, et d'organiser des brigades de boulangers avec les ressources qui peuvent se trouver dans vos régiments. Je crois que la dimension des fours permet de fabriquer 30,000 rations en vingt-quatre heures, mais à la condition que le service soit bien organisé. Votre sous-intendant demandera immédiatement de la farine et l'on se mettra à l'ouvrage sans tarder, car c'est de Wissembourg que nous devons tirer la majeure partie de nos approvisionnements, et il y aura lieu aussi d'organiser un service de réquisitions pour transporter les vivres à Lembach, Wingen, Obersteinbach et autres détachements.

« Votre sous-intendant devra s'entendre à ce sujet avec le sous-préfet.

« Lorsque vous aurez eu le temps d'étudier le terrain et de *vous renseigner sur la situation de l'ennemi*, vous apprécierez s'il serait utile d'occuper le fort Saint-Rémy et les anciennes redoutes qui sont en avant d'Altenstadt ; mais la chose me paraît douteuse. « DUCROT. »

Cet ordre commence par où il doit commencer, c'est-à-dire par donner au général Douay les renseignements généraux dont peut disposer le commandant de la 1re division : cet officier général, *le 2 août*, n'avait que fort peu de cavalerie à sa disposition. Le quartier général du 1er corps disposait seul des moyens nécessaires pour faire l'exploration et se procurer des nouvelles de l'ennemi (brigades de cavalerie de Septeuil à Soultz, de Nansouty à Seltz, avec un régiment à Strasbourg ; Michel à Brumath).

Néanmoins, le général Ducrot, avec les moyens très bornés dont il disposait, le 96e de ligne et un escadron du 3e hussards, avait fait exécuter dans toutes les directions des reconnaissances qui n'avaient pas rencontré l'ennemi en *force* ; elles avaient seulement vu quelques postes et des vedettes.

Cela n'a rien de surprenant. La lettre du général Ducrot est écrite le 3 au matin, de très bonne heure ; elle est donc basée sur *les renseignements du 2*.

Or, le 2, quelle était la répartition des Allemands au nord de la Lauter, alors qu'en exécution des ordres du maréchal, notre 1re division avait son gros et son quartier général à Reichshoffen, avec le 96e à Clinbach, détachant un poste au Pigeonnier ?

Dans la matinée du 2 août, le Ve corps est cantonné autour de Landau où est son quartier général. La 4e division de cavalerie est à l'est de Landau ; le tout occupe une surface d'à peu près 15 kilomètres de côté.

Le XIe corps a son quartier général à *Germersheim* ; les troupes occupent un rectangle de 8 kilomètres de base et de 14 de hauteur à l'est de cette ville.

Le Ier bavarois à son quartier général à *Spire*, occupant une région forestière, la Nonnen-Wald, à localités clairsemées ; il cantonne sur une surface d'environ 180 kilomètres carrés. Sa queue est en face de Mannheim.

Le IIe bavarois, dont une division (4e bavaroise) est en avant-garde d'armée est à *Bergzabern*, est en arrière du Ve corps dans une zone affectant la forme d'un trapèze, mesurant de 12 à 14 kilomètres de côté.

La division badoise est à Calsruhe, avec une avant-garde à *Knielingen* (Pont-de-Maxau).

La division wurtembergeoise est à *Vannendorf* et *Graben* (18 kilomètres au nord de Calsruhe).

La 4e division bavaroise (Bothmer), est concentrée à *Bergzabern*, en avant-garde d'armée. Les avant-postes sont à *Reisdorf*, au nord de *Bobenthal*, Schweigen et Schaidt. Elle a en outre dans les Vosges des postes mixtes destinés à garder les passages de la frontière jusqu'à Deux-Ponts.

Ses avant-postes se relient par Shaidt à ceux du XIe corps, qui a détaché à Langenkandel la 42e brigade d'infanterie, avec 3 escadrons du 14e hussards et 2 batteries légères comme avant-garde.

Les avant-postes de la 42e brigade passant par Bückelberg, se relient par Hagenback avec ceux de la division badoise à l'est, et par Schaidt avec ceux de la 4e division bavaroise à l'ouest [1].

---

[1] Ces indications sont puisées dans la partie de l'étude sur Fræschwiller où le colonel Bonnal étudie la disposition d'ensemble du rassemblement d'une armée de cinq corps.

Il suffit de cet exposé pour faire comprendre combien il était impossible dans les journées des 1er et 2 août au commandant de la 1re division française, disposant des ressources que l'on sait, de connaître l'importance des rassemblements allemands tant à cause de leur *éloignement*, que du dispositif de couverture pris par la 4e division bavaroise et par la 42e brigade prussienne.

D'ailleurs, notre cavalerie, même bien employée [1] n'eût pu que nous servir l'indication des avant-postes ennemis ; elle pouvait assurer la sécurité de l'armée d'Alsace et il y a lieu de regretter qu'elle n'ait pas été employée dans ce sens, mais il lui était impossible de renseigner le maréchal sur l'importance des rassemblements en arrière de ces avant-postes, sur leur degré de concentration et la nature de leurs mouvements.

« Car, dit le colonel Bonnal, au début des hostilités, c'est l'espionnage qui fournit les renseignements les plus complets.

« Par lui, un général intelligent apprend où se concentrent les forces ennemies. Il fait ses projets en conséquence et agit avec rapidité, *sans trop se fier aux rapports de la cavalerie*, toujours très circonspecte et même timorée au début d'une guerre, lorsque le moral des deux adversaires est encore intact [2].

« Les Allemands n'ont pas plus lancé leur cavalerie en avant de leurs armées *avant les premiers engagements* de 1870 que ne le fit Napoléon dans les journées d'opérations qui précédèrent Iéna.

---

[1] La cavalerie est de toutes les armes celle dont M. Duquet ignore le plus les propriétés, le mode d'emploi et la tactique. Il semble faire une confusion continuelle entre l'exploration et la sûreté qui, pour avoir recours elle-même à une exploration plus restreinte comme moyen, n'en constitue pas moins un service distinct. Bien mieux, il ignore jusqu'aux allures de la cavalerie, puisqu'il écrit dans les *Grandes batailles de Metz*, p. 162 : « A peine le prince Frédéric-Charles apprend-il le danger du IIIe corps, qu'il monte incontinent à cheval, *galope à franc étrier* sur la route de Gorze, *précipitant cette course vertigineuse* à mesure que le redoublement de la canonnade ne laisse plus douter de l'affaire engagée. *En deux heures*, il avait franchi les 22 kilomètres qui le séparaient du champ de bataille ». *Course vertigineuse! Galop à franc étrier!* Qualifier ainsi 22 kilomètres en 2 heures, soit 11 kilomètres à l'heure, pour des gens montés comme l'étaient le prince Frédéric-Charles et son état-major en chevaux de sang ou très près du sang, alors qu'en faisant *un kilomètre au pas et 3 kilomètres au trot modéré* des chevaux de troupe chargés parcourent 10 *kilomètres* 300 *à l'heure* !

[2] Au sujet des reconnaissances, se reporter au chap. XVI des *Éléments de la guerre*, du général MAILLARD, et particulièrement au § 7.

« Les cavaliers de France et d'Allemagne vont répétant partout que la prochaine guerre franco-allemande débutera par de gigantesques engagements de cavalerie. Cela est fort douteux et n'aura pas lieu si le généralissime français sait réagir contre l'entraînement universel en ne lançant pas sa cavalerie dans des aventures que nous jugeons fort dangereuses. »

On peut admettre que pendant la période de rassemblement et de concentration, le rôle de la cavalerie se bornera à assurer la sûreté, en commun avec des détachements d'infanterie de couverture, et que son exploration *sera forcément très limitée* par les mesures correspondantes prises à quelques marches par l'adversaire. Ce n'est qu'après l'issue du premier choc, alors que l'équilibre moral sera rompu et qu'il se sera créé des théâtres d'opérations distincts, qu'il deviendra possible, surtout pour le vainqueur, d'utiliser la cavalerie pour faire de l'exploration en grand.

Dans les premiers jours d'août, le grand quartier impérial et le quartier général du 1er corps avaient seuls des moyens efficaces de se procurer des renseignements sur les concentrations allemandes, soit par l'espionnage, et encore eût-il fallu pour cela une organisation préalable qui nous manquait ou à peu près, soit par une forte reconnaissance offensive qui aurait refoulé les avant-postes ennemis ; mais il fallait alors échelonner en arrière le reste de nos forces, suivant l'aphorisme du maréchal Bugeaud : « On reconnaît une armée entière avec une armée entière. »

Encore ce deuxième moyen dépassait-il les attributions du maréchal de Mac-Mahon [1] et l'on est en droit de faire les plus sérieuses réserves sur les conséquences qui auraient pu en résulter, vu la situation respective des forces en présence.

---

[1] La fausse situation du maréchal de Mac-Mahon à Strasbourg, fin juillet et jusqu'au 4 août, était une des conséquences de l'erreur qui avait réparti de Thionville à Belfort nos sept corps d'armée plus la garde, ne formant qu'une seule armée dont le chef unique était à Metz. En réalité, en Alsace, le maréchal était sur un théâtre séparé, indépendant, où il avait besoin de commander lui-même en chef, et cependant son action restait subordonnée aux décisions venues de Metz; on ne le laissait même pas maître de refouler les avant-postes de l'ennemi du Palatinat afin d'y voir clair avant que l'empereur eût indiqué la prise générale de l'offensive par l'unique armée dont le maréchal n'avait qu'un corps sous ses ordres; enfin, c'était à Metz que se centralisait le service des renseignements.

Pour le commandant de la 1re division, il n'a pu apprendre qu'une chose par ses reconnaissances : c'est que l'ennemi n'est pas en force dans ses environs *immédiats* et voilà pourquoi il écrit au général Douay qu'il ne « *pense pas qu'il soit à une distance assez rapprochée pour entreprendre immédiatement quelque chose de sérieux.* »

Notons qu'il ajoute : « *Pour parer à toute éventualité*, je pense qu'il est convenable de prendre les dispositions suivantes. »

Il estime donc qu'il y a lieu de se tenir en garde comme si une attaque en force des Allemands était possible, et les mesures qu'il ordonne sont la conséquence logique de cette phrase : « *Toutefois, pour parer à toute éventualité.* »

En résumé, les renseignements qu'il donne au général Douay ne sont que son appréciation sur la situation du moment, telle qu'elle résulte des reconnaissances qu'il a pu faire exécuter ; mais cette situation peut varier d'un jour à l'autre et voilà pourquoi il laisse certaines mesures à l'initiative du commandant de la 2e division, « lorsqu'il aura eu le temps d'étudier le terrain et de se *renseigner sur la situation de l'ennemi* », au moyen de la brigade de cavalerie dont il dispose.

Il ne faut pas oublier que ce n'est que le 2 *août à midi*, après que le lieutenant-colonel Verdy du Vernois lui eût été envoyé par le grand quartier général pour le presser de commencer sa marche vers le sud, que le prince royal donna à Spire les ordres destinés à faire passer la IIIe armée *du rassemblement à la concentration*.

Cette concentration s'effectua en arrière du rideau des avant-postes de la 4e division bavaroise et de la 42e brigade, masquée en outre par la grande forêt du Bien-Wald. Les mouvements qu'elle nécessita ne furent achevés au Ve corps que *dans la nuit*, au XIe, le 3 *dans la matinée*, au Ier bavarois, le 3 dans l'après-midi.

« Ce jour-là, dit le colonel Bonnal, la IIIe armée qui, si ses corps étaient réunis, *était loin de présenter elle-même la force concentrée*, offrait la disposition suivante :

« En avant-garde la division Bothmer à *Bergzabern*.

« En première ligne deux masses concentrées : l'une formée des Ve et XIe corps à *Billigheim*, l'autre comprenant le corps Werder à *Pfortz*, et, entre ces deux masses, la 42e brigade en avant-garde du XI⁰ corps à Langenkandel comme troupe de liaison.

« De Willigen à Pfortz on compte à vol d'oiseau 18 kilomètres.

« En seconde ligne également deux masses concentrées : l'une formée du II⁰ bavarois (moins la 4⁰ division) à 10 kilomètres derrière les V⁰ et XI⁰ corps; l'autre constituée par le I⁰ⁿ corps bavarois à 24 kilomètres derrière le corps Werder. »

Si l'on tient compte : 1⁰ des heures d'arrivée des corps de première ligne à leur cantonnement (heures indiquées plus haut); 2⁰ des fatigues et des privations que les troupes eurent à subir, les mouvements ayant été exécutés pendant la nuit; 3⁰ de la distance qui sépare Wissembourg de Billigheim (18 kilomètres), où était la masse concentrée adverse la plus proche, le corps Werder se trouvant à 30 kilomètres de Wissembourg, le I⁰ⁿ bavarois à 54 kilomètres, le II⁰ bavarois à 28 kilomètres; si l'on tient compte, disons-nous, des heures et des emplacements, on est amené à reconnaître que le 3, la III⁰ armée était hors d'état d'entreprendre quelque chose de sérieux contre nous [1].

Le général Ducrot était donc dans le vrai quand il écrivait au général Douay, le 3, de grand matin, d'après les renseignements fournis par les reconnaissances du 2, d'autant plus, *il est essentiel d'y insister*, qu'il ajoutait immédiatement à son appréciation, exacte à ce moment, le correctif nécessaire en prescrivant, *pour parer à toute éventualité*, des mesures très prudentes, et en laissant au commandant de la 2⁰ division le soin d'ordonner les dispositions complémentaires après l'inspection du terrain et de nouveaux renseignements que sa cavalerie pouvait lui fournir sur la situation de l'ennemi.

Répétons-le, l'espionnage seul eût pu faire connaître à Metz ou à Strasbourg la concentration de la III⁰ armée dans la journée du 3, car les avant-postes, qui seuls pouvaient être vus

---

[1] M. Duquet est absolument muet sur le passage de la III⁰ armée allemande du rassemblement à la concentration dans la journée du 3 août. Des mouvements de cette importance lui échappent totalement, il ne les mentionne même pas et il écrit, p. 17, que, dès le 31 juillet, la III⁰ armée était concentrée autour de Landau, après avoir indiqué déjà, p. 16, de la façon la plus inexacte, comme on l'a vu, les positions des divisions du 1⁰ⁿ corps français à cette même date.

par nos reconnaissances, n'avaient pas bougé, pas plus que les avant-gardes qui les appuyaient immédiatement.

Après avoir reproduit les instructions du général Ducrot, M. Duquet ajoute, en guise de commentaires : « Cette lettre démontre que le général Ducrot ne croyait pas à la *présence* des Allemands » ; « Je ne pense pas que l'ennemi soit en force dans « nos environs », et plus loin : « *J'enverrai le reste du régiment* « *après demain* ». Ce qui le prouve encore, c'est la dépêche que le général Ducrot adressait le 3 août au soir à Strasbourg : « La menace des Bavarois me paraît être une fanfaronnade ».

Les détails dans lesquels nous sommes entré répondent surabondamment à ces remarques sans exactitude et sans portée.

Nous ferons aussi remarquer : 1° que le général Ducrot ne ne parle pas de la *présence* de l'ennemi, mais bien de l'ennemi *en force dans les environs*, et en état d'entreprendre *immédiatement* quelque chose de sérieux, ce qui est loin d'être la même chose ; 2° qu'il n'y a jamais eu dans sa lettre au général Douay cette phrase : « J'enverrai le reste du régiment après-demain », mais bien celle-ci : « Je conserverai seulement un peloton de l'escadron du 3º hussards détaché à Clinbach, et j'enverrai le reste (de l'escadron) après-demain rejoindre le régiment. »

Quant à la façon dont le général Ducrot apprécie la menace du détachement bavarois venu dans la *journée du* 2 faire le recensement d'Altenstadt, et qui s'amusa à annoncer, pour le lendemain 3, l'occupation de cette localité par les Allemands, elle était bien exacte ; ce n'était qu'une « fanfaronnade » en effet, à moins d'admettre que le commandant de la IIIᵉ armée ait communiqué ses projets de marche pour le *surlendemain* au commandant de ce petit détachement fourni par un avant-poste, avec mission d'en faire part aux Français ; notons toutefois que ce chef de patrouille aurait fait une erreur de vingt-quatre heures.

Est-il besoin d'ajouter que l'ordre de mouvement pour la journée du 4 n'a été donné à Landau que *le 3, à 4 heures du soir*, c'est-à-dire vingt-quatre heures après l'incursion du détachement bavarois ; que la majeure partie des corps n'en a eu connaissance que dans la nuit du 3 au 4, et que l'état-major allemand savait trop bien que le mystère est la base de toute stratégie, pour donner ainsi connaissance de ses intentions à de simples chefs de patrouille.

Quel regret n'est-on pas en droit d'exprimer que le duc de Magenta ait attaché plus d'importance que le général Ducrot à cet incident; s'il s'était rangé à l'appréciation de son subordonné, il n'eût pas avancé de vingt-quatre heures la marche de la division Douay sur Wissembourg; cette division, conformément à l'ordre du 2, ne fût partie de Haguenau que le 4, et dans ce cas notre premier échec était évité, puisque son avant-garde se fût heurtée dans l'après-midi seulement aux premières troupes du prince royal et que, devant les forces qu'il eût trouvées devant lui, le général Douay aurait été dans la nécessité de se replier sur la forêt de Haguenau; la division Ducrot se fût repliée elle-même, avertie par le 96°, qui, du Pigeonnier, eût vu le débouché de toutes les colonnes allemandes, et la concentration du 1er corps sur la Zorn devenait possible dans les conditions que nous avons indiquées.

On a peine à comprendre d'ailleurs que le maréchal de Mac-Mahon, en avançant d'une journée le mouvement de la 2e division sur le simple reçu de la dépêche du sous-préfet de Wissembourg annonçant l'incursion du détachement bavarois à Altenstadt, n'ait pas prescrit en même temps que la 1re division effectuerait elle-même sa marche sur Lembach dans la journée du 3; il ne s'est pas rendu compte qu'il les isolait absolument l'une de l'autre et rendait impossible au général Ducrot, restant le 3 à Reichshoffen, l'exercice du commandement qu'il lui avait conféré, tout au moins jusque dans l'après-midi du 4, c'est-à-dire jusqu'au moment où il serait rendu à Lembach avec sa division.

Le maréchal se rendait si peu compte des conséquences de cette séparation qu'il télégraphiait le 4, de Strasbourg, à 5 heures 27 du matin, au général Douay : « Faites prévenir le général Ducrot, *en route pour Lembach*, d'être également sur ses gardes ».

Or, à cette heure, le général Ducrot, à la tête du gros de sa division, et se conformant aux ordres du commandant du 1er corps, *venait à peine de quitter Reichshoffen*, alors que le général Douay était à Wissembourg depuis la veille au soir, c'est-à-dire à près de 30 kilomètres de lui.

Si nous reprenons l'examen de la lettre du général Ducrot, nous lisons : « Vous vous porterez sur Wissembourg *avec votre division, le 3e hussards et deux escadrons du 11e chasseurs* ».

Ici l'indication est nette : la brigade de cavalerie doit faire partie intégrale de la marche de la division Douay.

C'est au commandant de cette division à l'utiliser pendant son mouvement ; c'est là une chose si élémentaire qu'elle ne comporte pas d'instructions de détail, d'autant plus que cette cavalerie mise *sous les ordres immédiats* du commandant de la 2ᵉ division qui devra : *l'utiliser pour s'éclairer*, campe à Soultz, à peu près à distance normale pour assurer la sécurité de la colonne d'infanterie qui doit partir de Haguenau.

Il est inexplicable que le général Douay, sans lui envoyer aucun ordre, se soit borné à la ramasser à son passage à Soultz, *pour la faire marcher en queue de colonne*[1]. (Général MAILLARD, *Éléments de la Guerre*.)

Maintenant, si l'on compare les dispositions ordonnées par le général Ducrot à la 2ᵉ division, en vue de son arrivée à Wissembourg, avec celles indiquées par le maréchal, on est frappé de ce fait : le commandant de la 1ʳᵉ division prescrit à la division Douay *un dispositif concentré*, défilé des vues de l'ennemi, à 2 kilomètres en arrière de la Lauter surveillée par le bataillon détaché à Wissembourg, le front éclairé par la cavalerie, ainsi que le flanc droit, le flanc gauche couvert par le détachement du Pigeonnier, avec des vues dans toutes les directions *permettant de se rendre un compte exact des forces de l'adversaire et de refuser le combat, le cas échéant*, alors que le commandant du 1ᵉʳ corps, abstraction faite des inconvénients déjà signalés résultant de la configuration du sol et du manque d'indications au sujet de l'emploi de la cavalerie en avant de Wissembourg, déployait immédiatement la 2ᵉ division, en ordre de combat, « se gardant elle-même »[2], sur un front de plus de 6 kilomètres ; dans de telles conditions, si l'ennemi vient à attaquer brusquement on n'est plus maître de se

---

[1] Nous avons déjà relevé que le maréchal, dans son ordre du 2, se bornait à mentionner que la brigade de Septeuil irait s'établir au Geisberg et se relier avec la 2ᵉ division placée à 2 kilomètres en avant d'elle sur la Lauter ; dans la dépêche expédiée le 3 août, à minuit 40, au général Douay pour avancer de 24 heures le mouvement de sa division, le maréchal dit : « *Vous prendrez à Soultz le 3ᵉ hussards* ». Le général Douay n'a que trop suivi la lettre de cette prescription.

[2] C'est cette méthode vicieuse en usage dans notre armée à cette époque « où l'on avait désappris la grande guerre », que le colonel Bonnal fait si vivement ressortir dans son étude sur Frœschwiller.

retirer si cela est nécessaire ; il n'y a pas d'échelonnement en profondeur ; c'est l'ordre linéaire dont le plus grave inconvénient est d'empêcher toute manœuvre. Nous n'en avons que trop subi les funestes effets dans cette campagne.

L'ordre indiqué, au contraire, par le général Ducrot est un ordre d'attente ; il convient tout particulièrement à la situation de la division Douay, et « l'on ne peut s'empêcher de regretter le fatal concours de circonstances amenées par les péripéties des premiers moments de la lutte qui a déterminé une partie des troupes de la division Douay à abandonner les positions où les avaient placées les instructions du général Ducrot » (abandon du Wogelsberg par le général Pellé, qui se porta en avant jusqu'à la Lauter dès le début de l'action).

Faut-il faire remarquer que ces instructions du commandant de la 1re division, dont la tendance est si nette, suffiraient à elles seules pour infirmer cette affirmation erronée, qui a été reproduite, sans aucun document à l'appui, d'après laquelle il aurait ordonné au général Douay le combat à tout prix ?

Le Maréchal a prescrit l'occupation de Wissembourg, le général Ducrot réduit cette occupation au strict nécessaire : un bataillon[1] ; après le mouvement en avant de la division Douay, c'était une mesure indispensable, tant pour couvrir *le rassemblement* de cette division au Geisberg et au Vogelsberg, que pour mettre la manutention et les magasins de la place, que l'on se préparait à utiliser, à l'abri d'un coup de main.

Quant à Altenstadt[2], le général Douay est laissé libre d'y placer du monde après la reconnaissance du terrain.

D'ailleurs, n'est-il pas curieux de voir M. Duquet, qui blâme si

---

[1] M. Duquet le reconnaît lui-même quand il écrit, p. 24 : « Il (le maréchal) avait parfaitement ordonné d'occuper Wissembourg, ce que le général Douay ne pouvait exécuter qu'en y laissant cinq cents ou six cents hommes, comme il l'a fait ».

[2] Au sujet de cette occupation d'Altenstadt, il convient de ne pas oublier que la Lauter est guéable presque partout et qu'au mois d'août les eaux étaient très basses ; l'obstacle de la rivière était donc peu considérable, l'infanterie pouvait le franchir sur toute la ligne sous la protection de l'artillerie en batterie sur les hauteurs de la rive gauche ; cette artillerie n'eût gagné la rive droite qu'après son occupation par l'infanterie, ce qui eût permis de créer rapidement ou de réparer les moyens de passage sous le couvert des premières lignes. Altenstadt ne devrait donc être considéré que comme un poste d'observations, tout comme Wissembourg : « *La Lauter guéable presque partout* est

énergiquement l'occupation même limitée[1] de ce poste avancé de Wissembourg, regretter (page 29) qu'Altenstadt n'eût pas reçu de troupes : « Il paraît cependant, dit-il, qu'Altenstadt aurait pu être défendu quelque temps, ce qui aurait retardé la marche des Allemands », et plus loin (page 33) : « Cette défense d'Altenstadt n'était pas absolument chimérique. »

Pourquoi Altenstadt et pas Wissembourg ? Nous estimons, pour notre part, qu'un poste détaché d'une ou deux compagnies, en raison du faible effectif de la division Douay, était nécessaire à Altenstadt.

Mais il y a mieux ; à la page 20 de : *Frœschwiller, Châlons, Sedan*, on lit : « Le 3 août au matin, Wissembourg ne renfermait pas un seul soldat français, et, si les portes avaient été ouvertes, les cavaliers ennemis seraient entrés comme dans un moulin. » Comprenne qui voudra.

Le maréchal avait assigné à la 2ᵉ division son quartier général à Wissembourg même, sur la première ligne ; le général Ducrot la place en arrière, près du gros de la division, au Geisberg ou à Oberkoffen, ou bien sur la ligne de retraite, à Roth, près du Pigeonnier, et plus rapproché de son propre quartier général qu'il fait connaître au général Douay devoir être établi à Lembach (dans l'après-midi du 4).

« *Il est bien entendu que cette brigade de cavalerie est placée sous vos ordres immédiats et que vous l'utiliserez pour vous éclairer soit en avant de Wissembourg, soit à droite dans la direction de Lauterbourg.* »

Ce sont bien là, en effet, les directions dangereuses ; d'ailleurs cette recommandation était si élémentaire qu'elle avait à peine besoin d'être faite, un détachement pourvu de cavalerie pouvant l'utiliser, *tout au moins pour assurer sa sécurité, sinon pour faire de l'exploration*[2] sans qu'il soit nécessaire de le rappeler à celui

---

couverte de ponts, dont deux près des portes de Bitche et de Landau, n'étaient pas un obstacle défensif ». (Cours d'histoire militaire, Ecole supérieure, 1886-1887.)

[1] « Le maréchal avait parfaitement ordonné d'occuper Wissembourg ». « Ce qu'il y a de certain, c'est que le maréchal a eu le tort de faire réoccuper Wissembourg ».

[2] Dans le cas présent, le service de sûreté convenablement exécuté eût amené la prise du contact.

qui le commande ; si l'on avait tenu compte de cette indication, la division Douay n'eût pas été attaquée à l'improviste le 4 au matin.

Nous terminons ce long examen de l'ordre du 3 août, qui était accompagné d'un croquis sur lequel tous les points importants *et les lignes de retraite* étaient clairement indiquées[1] par cet extrait d'une lettre du chef d'état-major du général Douay, le général Robert, au général Ducrot : « Le général Douay reçut de vous dans la journée du 3 à Soultz, une lettre datée ce même jour de Reichshoffen ; elle fut apportée, je crois, par le capitaine Bossan et elle était accompagnée d'un croquis topographique (je vois encore de souvenir ce croquis très rapidement fait, mais dont les indications sommaires m'ont suffi *pour guider la retraite le lendemain*) ; vous ne comptiez pas sur une attaque prochaine de l'ennemi, mais pourtant, *en vue de parer à toutes les éventualités*, vous nous donniez des instructions qui modifiaient notablement celles précédemment envoyées par le maréchal pour l'emplacement à occuper par la division ; car au lieu d'aller nous établir entre Altenstadt, Wissembourg, Weiler et le Pigeonnier, c'est-à-dire sur les rives de la Lauter, vous nous prescriviez : 1° de mettre un bataillon *seulement* à Wissembourg ; 2° d'envoyer un régiment sur notre gauche pour nous relier à vous entre le Pigeonnier, Clinbach, Pfaffenschlick, en remplaçant dans ses positions le 96e, qui se portait en avant vers Nothweiler[2] ; 3° d'établir le reste disponible de nos troupes sur les hauteurs au sud de Wissembourg, à droite et à gauche de la route de Haguenau sur le Geisberg d'un côté, et de l'autre sur le plateau qui domine Oberhoffen[3]...

« Vous annonciez que votre quartier général serait à Lembach.....

« *Vos instructions furent ponctuellement exécutées.* Nos troupes, après avoir fait une grande halte de 3 heures environ à Soultz, arrivèrent devant Wissembourg dans la soirée du 3, et s'établirent dans leurs positions à la nuit tombante, non pas sur le sommet même des crêtes du terrain, mais un peu en arrière, et en se gardant par des avant-postes réglementaires. Le général Douay

---

[1] Le général Douay mandait au général Ducrot, le 4 août, à 6 heures du matin : « Je suis absolument dépourvu de cartes qui puissent me guider ».
[2] En exécution de l'ordre du 2 août du maréchal de Mac-Mahon.
[3] Vogelsberg.

établit son quartier général dans la partie du Steintseltz voisine d'Oberhoffen, suivant l'une de vos indications.

« L'occupation de Wissembourg n'était que l'exécution de l'ordre donné par le maréchal et les modifications que vous avez apportées sur ce point aux premières instructions de notre commandant en chef (modifications qui vous ont été très heureusement suggérées par la connaissance personnelle que vous aviez de la topographie du terrain) ont consisté à nous établir, tout en occupant Wissembourg comme poste avancé et comme point d'appui de notre gauche, dans l'excellente position de combat qui nous a permis d'avoir les premiers avantages de la lutte *malgré quelques mouvements trop avancés dus exclusivement à l'excès d'ardeur des troupes*, de faire éprouver des pertes nombreuses à l'ennemi et de l'amener à montrer successivement toutes ses forces. »

« *Vos instructions ont été ponctuellement exécutées*, dit le général Robert ». Aussi on est en droit de se demander sur quoi se base M. Duquet quand il écrit, page 33 : « Pourquoi le général Abel Douay n'exécuta-t-il pas à la lettre les ordres du général Ducrot? Par une raison bien simple qui dispense d'en chercher d'autres : parce que cela lui était matériellement impossible parce qu'il lui aurait fallu le double de troupes pour *garnir sérieusement* le Geisberg, le Vogelsberg, Wissembourg, le Pigeonnier. Et puis à quoi aurait servi l'occupation du Vogelsberg ? A rendre plus certaine et plus rapide la défaite des défenseurs de Wissembourg et du Geisberg. Dira-t-on que cette colline aurait couvert la retraite ? Mais la retraite s'est faite en bon ordre et dans la *direction prescrite* sans le concours ni du Vogelsberg, ni du général Ducrot ».

S'exprimer ainsi c'est prouver qu'on n'a compris ni le sens ni même la lettre de l'ordre du général Ducrot; si le général avait ordonné le combat, comme on le prétend, et nous ferons bientôt justice de cette imputation calomnieuse, il eût peut-être ordonné *de garnir sérieusement* certaines positions essentielles; mais il ne prescrit qu'une *position d'attente*, concentrée et défilée, avec un détachement sur le front, un sur le flanc gauche, la cavalerie patrouillant vers le nord en avant de Wissembourg, et vers l'est dans la direction de Lauterbourg.

L'auteur de *Frœschwiller, Châlons, Sedan*, prouve qu'il a encore, au moment où il écrit, la même ignorance tactique que notre état-major de 1870, qui adoptait partout un dispositif linéaire, *était préoccupé de garnir sérieusement le front, exécutait le déploiement avant l'action.*

C'est ce déplorable concept de la répartition des troupes en vue du combat que critique si justement le colonel Bonnal, quand il écrit à propos de Frœschwiller :

« Au reçu des télégrammes du maréchal, le général Raoult, qui arrivait vers 10 heures à Reichshoffen, laissa ses premières troupes former leur camp sur le terrain à l'ouest de Reichshoffen ; puis il se préoccupa de chercher pour sa division une position défensive.

« On ne pouvait en effet demeurer dans le bas-fond de Reichshoffen, entouré de toutes parts par des collines boisées, qu'à la condition de placer de forts avant-postes, vers Niederbronn, Nechwiller et Frœschwiller ; or à cette époque, où l'on avait désappris la grande guerre, de telles mesures de sûreté eussent été jugées imprudentes sinon folles. Les camps furent donc levés vers midi et la 3ᵉ division continua sa marche de Reichshoffen sur Wœrth pour s'arrêter sur une belle position, à l'est de Frœschwiller où elle bivouaqua.

« Cette division prenait ainsi *toute entière* un emplacement qui la dispensait de former des avant-postes éloignés : *elle se gardait elle-même* et par conséquent s'exposait aux vues prochaines de l'ennemi.....

« On est saisi d'étonnement quand on constate que l'armée d'Alsace n'a reçu aucun ordre général pour sa concentration, n'a pas davantage eu connaissance des projets de son chef et des agissements de l'ennemi, *enfin n'ait pas été répartie en arrière du terrain à défendre d'après la configuration du sol et les règles de la tactique.....*

« *L'armée d'Alsace était donc déployée dès le 5, sur un front de 6 kilomètres.....*

« *Le dispositif français est purement linéaire, sauf à la division Ducrot où l'échelonnement en profondeur est indiqué.*

« *En principe, pas de déploiement avant l'action ; les divisions massées en arrière de la ligne de défense choisie à l'abri des vues et des investigations de l'ennemi, sont protégées sur le front et sur les flancs par des avant-postes qu'éclaire la cavalerie.* »

M. Duquet, si prodigue de critiques formulées avec légèreté, qui n'a pas craint de reprocher au duc de Magenta (page 153 et suivantes) « de n'avoir pas songé à la grande citadelle alsacienne qu'il a dégarnie la veille de la défaite et qu'il abandonne le lendemain au hasard des événements », et « de ne s'être même pas préoccupé de *garnir* la vieille cité alsacienne de troupes en nombre suffisant, pour la mettre à l'abri d'un coup de main », oubliant qu'en se portant sur Frœschwiller, le maréchal avait laissé au général Uhrich le 87e (colonel Blot), de la division de Lartigue, et qu'il lui était impossible à la veille d'un combat imminent de faire un plus gros détachement [1] ; M. Duquet qui trouve, page 71, qu'à Frœschwiller les troupes du 1er corps « *étaient établies non en vue de la défensive mais en vue de l'offensive !* », alors qu'en réalité elles étaient en défensive pure, en formation linéaire avec les ailes refusées [2] ; M. Duquet, disons-nous, ne remarque même pas le déploiement anticipé du 1er corps avant l'engagement. Il est du reste naturel que de telles considérations lui échappent : il a cru qu'en sa qualité d'homme de lettres, il pouvait écrire l'histoire d'une guerre avec des documents, quoique dépourvu d'instruction militaire ; de là les erreurs, dans lesquelles il persiste à tort et malgré tout. C'est donc le manque de connaissances tactiques qui a empêché M. Duquet de comprendre la portée des instructions du général Ducrot à la division Douay,

---

[1] La garnison de Strasbourg, le 5 août, était de 600 artilleurs, pas un homme du génie, quelques bataillons de gardes mobiles non exercés et 4,000 hommes d'infanterie, *dont le 87e laissé par le maréchal*. Deux mille fuyards de Frœschwiller portèrent cette infanterie à 6,000 hommes (nous ne parlons pas de la garde nationale). On voit donc combien M. Emile Delmas, cité par M. Duquet, se trompe, surtout pour un témoin oculaire, quand il écrit : « Ces 2,000 hommes que nous venions de voir passer (les débandés de Frœschwiller) devaient former le noyau de la garnison; car le samedi, 6 août, il ne restait plus dans Strasbourg *que 1000 hommes de l'armée régulière* ». Il nous semble que ce noyau était le 87e, *intact*, qui avait, le 6, dans ses trois bataillons 2,040 hommes présents ; d'ailleurs, il tombe sous le sens qu'en principe la garnison des places frontières, au début des hostilités, doit être constituée indépendamment des armées d'opérations et que la responsabilité du maréchal de Mac-Mahon ne saurait être engagée dans cette affaire. Si Strasbourg n'était ni armé ni en état de soutenir un siège dans des conditions normales, la faute en était au gouvernement impérial que le général Ducrot, commandant à Strasbourg, n'avait cessé d'avertir depuis 1865, sans réussir à faire prévaloir ses avis.

[2] Colonel BONNAL, *Frœschwiller*. p. 135.

tout comme il a été cause que le grand vice du dispositif du maréchal à Frœschwiller lui a échappé [1].

Dans les deux cas, il croit qu'il y a lieu de *garnir sérieusement les positions avant l'action* ; le déploiement préalable le choque si peu que, lors même qu'il n'en est pas question dans un ordre qu'il discute, il ne peut s'empêcher d'y revenir.

En quoi l'occupation du Vogelsberg, que le 1er tirailleurs n'aurait pas dû quitter pour se porter jusqu'à la Lauter dès le début du combat, pouvait-elle rendre plus certaine la défaite des défenseurs du Geisberg, qu'elle appuyait au contraire directement, et des défenseurs de Wissembourg, *poste avancé à évacuer*, et qui ne fut défendu si opiniâtrément qu'à cause de cette intervention, très louable dans son mobile, puisqu'elle prouvait une extrême ardeur, mais au bout du compte intempestive, nous le verrons plus loin, du général Pellé, sur les bords même de la rivière.

Ce long examen, qui était pourtant nécessaire, étant terminé, revenons à la division Douay.

Le 3 août, au matin, en exécution des ordres contenus dans la dépêche du maréchal de Mac-Mahon expédiée de Strasbourg à 12 h. 40, elle leva son camp et partit de Haguenau pour franchir les 27 kilomètres qui la séparaient de Wissembourg. A Soultz, grand'halte de 3 heures ; le capitaine Bossan, porteur de la lettre du général Ducrot, rejoint le général Douay dans cette localité ; la journée avait été très chaude ; les hommes étaient très fatigués quand on arriva devant Wissembourg.

« Les troupes prirent immédiatement les positions qui leur avaient été indiquées. »

Le 2e bataillon du 74e, commandant Liaud, fut envoyé à Wissembourg.

---

[1] Dans une conversation avec le prince de Ligne, le grand Frédéric disait en parlant des Français : « J'ai déjà dit de leurs faiseurs qu'ils voulaient chanter sans savoir la musique ». Depuis la rénovation de notre haut enseignement militaire principalement par des hommes comme le général Derrécagaix, le général Maillard et le colonel Bonnal, des ouvrages tels que ceux que nous critiquons ne sauraient être pris au sérieux dans le milieu militaire instruit ; ils ne conviennent qu'aux personnes étrangères à l'armée, incapables de contrôler et de discerner la vérité ; encore ont-ils le grave inconvénient de fausser l'opinion de cette catégorie de lecteurs.

Le 78ᵉ fut désigné pour aller au point du jour relever le 96ᵉ qui était au col du Pigeonnier.

Le commandant Liaud établit deux compagnies en grand'garde sur la partie nord du rempart de Wissembourg.

Le 78ᵉ et le 1ᵉʳ tirailleurs (brigade Pellé), *établirent leur camp en arrière du Vogelsberg ;* le 50ᵉ et le 74ᵉ (brigade de Montmarie) en arrière du Geisberg ; la brigade de Septeuil avec l'artillerie divisionnaire en arrière du Geisberg également, éclairant la 2ᵉ division jusqu'à Schleithal à 4 kilomètres sur la droite, c'est-à-dire trop près ; en outre le service de sûreté par la cavalerie en avant du front était négligé, bien qu'il s'imposât et que, de plus, il eût été prescrit par le général Ducrot.

Il faut ajouter que d'après les ordres du commandant du 1ᵉʳ corps, le général Douay avait détaché à Soultz le 16ᵉ bataillon de chasseurs et le 2ᵉ bataillon du 50ᵉ qui devaient le rejoindre le 4 après avoir été relevés ; ces deux bataillons joints au 2ᵉ lanciers [1], à deux bataillons du 36ᵉ et à un escadron et demi du 11ᵉ chasseurs à cheval, surveillaient, sous les ordres du général de Nansouty, la frontière vers le Rhin et Lauterbourg [2].

Dans la soirée du 3, le gros de la 1ʳᵉ division (artillerie, génie, et la 2ᵉ brigade : 1ᵉʳ zouaves et 45ᵉ de ligne), est à Reichshoffen et à Niederbronn ; le quartier général de la division est à Reichshoffen.

Quant à la 1ʳᵉ brigade poussée en avant dans la direction de Wissembourg, elle est ainsi disloquée : 96ᵉ de ligne à Climbach avec ses avant-postes au Pigeonnier et aux environs ; 13ᵉ bataillon de chasseurs à Lembach, 18ᵉ de ligne à Lembach.

La 3ᵉ division (Raoult) est à Haguenau.

La 4ᵉ (de Lartigue) à Strasbourg.

La brigade de cavalerie Michel est à Brumath.

Avant d'examiner les événements dans la journée du 4, il est essentiel de vider à fond cette question :

Est-il vrai que le général Ducrot « ait ordonné au général

---

[1] L'autre régiment de la brigade de Nansouty (6ᵉ lanciers) était à Strasbourg, chargé de la surveillance du cours du Rhin.

[2] Toutes ces indications sont extraites de *La guerre moderne* (1ʳᵉ partie : *Stratégie*, par le général Derrécagaix) et du Cours d'Histoire militaire de l'École supérieure de guerre, 1886-87.

Douay non seulement de rester à Wissembourg, mais encore d'accepter le combat le cas échéant ? »

La relation officielle allemande (2ᵉ fascicule) après le colonel prussien Borbstædt (*Opérations des armées allemandes*, 1872), prétend que oui, sans se baser sur *aucun document*, sans citer *aucun élément d'information français*.

A la suite des Allemands, des écrivains français, sans même se donner la peine de rechercher ce qu'une telle affirmation pouvait avoir de fondé, s'en sont emparés pour en faire la base de leurs critiques. Mais il faudrait alors ou produire la pièce écrite qui contenait cet ordre, ou dire en quel lieu il a été donné *verbalement et directement*, en présence de quels témoins, ou bien encore citer l'intermédiaire qui a été chargé de le transmettre de vive voix et le point où a eu lieu cette transmission.

Or : 1° Aucun ordre écrit ne relate cette imprudente prescription ; la lettre écrite le 3 août par le général Ducrot, seule communication envoyée par lui au général Douay comme nous le verrons plus loin, est muette à cet égard ; 2° le général Douay, mis sous les ordres du général Ducrot dans la soirée (l'un était à Haguenau, l'autre à Reichshoffen), parti inopinément pour Wissembourg le 3 au jour, n'a eu avec le commandant de la 1ʳᵉ division, aucune entrevue, comme cela aurait eu lieu le 3, si le mouvement sur Wissembourg n'avait été devancé de vingt-quatre heures ; 3° le seul officier envoyé par le général Ducrot au général Douay a été le capitaine Bossan, porteur de la lettre du 3. Nous produirons tout à l'heure un document qui ne laisse aucun doute à cet égard.

Donc, et dès maintenant pas de base à cette accusation calomnieuse. D'ailleurs, la nature et l'esprit des ordres contenus dans la lettre de Reichshoffen du 3 août, l'indication des lignes de retraite sur le croquis qui l'accompagnait, vont à l'encontre d'une telle assertion, et nous verrons que le général Douay était si bien orienté dans un sens opposé par des instructions complémentaires du maréchal, qu'un peu avant le combat il donna à ses généraux de brigade des ordres qui disaient nettement ses intentions en cas d'attaque par des forces supérieures.

Mais venons à la pièce probante : le général Robert, l'ancien chef d'état-major du général Douay, après avoir pris connaissance de la relation officielle allemande, écrivit spontanément au général Ducrot une lettre qui est un *document* dans le but de rétablir la vérité.

Dans son récit sur Wissembourg, M. Duquet cite bien quelques extraits de cette lettre, qui pourtant figure *in extenso* dans la brochure du général Ducrot : *Wissembourg, réponse à l'état-major allemand,* Dentu, 1873 ; mais il laisse dans l'ombre les passages les plus concluants, qui détruisent la thèse qu'il défend.

Sur douze pages, il n'en reproduit guère plus d'une, dont le contenu encore est à peu près étranger à la question en litige.

Nous allons transcrire tous les passages de la lettre du général Robert qui ont trait à cette question :

« Mon général, le deuxième fascicule de l'ouvrage intitulé : *La guerre franco-allemande,* par l'état-major général prussien, contient à la page 179 un paragraphe que vous avez sans doute remarqué et dont voici la traduction :

« Le maréchal de Mac-Mahon avait mis la division Douay sous « les ordres du général Ducrot pour avoir un commandement « unique sur la partie de ses forces qui était la plus rapprochée « de l'ennemi.

« Sur des avis qu'il reçut le 3 août au soir, à Wœrth [1], qui « annonçaient que de fortes colonnes s'avançaient de Landau « sur la frontière, le général Ducrot ordonna à la division « Douay, non seulement de rester à Wissembourg, mais encore « d'accepter le combat le cas échéant. »

« Les derniers mots de ce paragraphe contiennent, vous le le voyez, une indication absolument erronée et si vous jugez à propos de publier à ce sujet une rectification, je vous offre, dans ce but, *mon témoignage le plus formel,* en appuyant ce témoignage non seulement sur mes *souvenirs très précis,* mais encore sur des *documents certains* [2].

« Depuis votre lettre du 3 août, complétée par les renseignements apportés verbalement par le capitaine Bossan dans cette même journée, jusqu'au moment où, le 4, vers 5 heures du soir, notre division marchant en retraite vous rencontra sur la route de Clinbach, *aucun ordre de vous, j'en ai la certitude, ne parvint*

---

[1] Le 3 août au soir, le général Ducrot n'était pas à Wœrth.
[2] Passage non cité par M. Duquet.

au général Douay[1], ni à moi-même après le moment où, vers 9 h. 3/4 du matin, il fut mortellement atteint, ni plus tard au général Pellé, qui prit le commandement de la division vers 11 heures[2].

« De l'exposé qui précède, *il demeure donc bien établi qu'il y a erreur absolue à vous attribuer à vous personnellement* un ordre donné au général Douay, non seulement de rester à Wissembourg, mais encore d'accepter le combat le cas échéant[2].

« Quant à l'acceptation du combat et à la durée de la résistance, vous ne nous aviez à cet égard, *ni avant, ni pendant la lutte, absolument rien prescrit*....

« *J'avais à cœur de rétablir complètement la vérité des faits et de détruire ainsi une allégation tendant à vous attribuer, avec une intention de reproche mal dissimulée, des ordres que vous n'avez certainement pas donnés*[2]. »

Ce document vient légitimer entièrement les raisons déjà suffisamment probantes par elles-mêmes que nous avons exposées ; il ne laisse subsister aucun doute, et la meilleure mesure de sa portée peut se trouver dans le soin qu'a pris M. Duquet de le laisser presque entièrement dans l'ombre et d'écrire tout comme si, après le fascicule allemand et l'ouvrage de Borbstædt, la réponse du général Ducrot et la lettre du général Robert n'avaient pas paru.

C'est à propos des affirmations si nettes, si catégoriques de cet officier général, dont il n'a reproduit qu'un membre de phrase, que M. Duquet a dit, page 46 : « Ainsi le général Robert, *sénateur de la droite* et ancien chef d'état-major du général Douay, *tout en semblant reconnaître que le général Ducrot n'avait pas expressément ordonné d'accepter le combat*..... »

---

[1] L'ordre envoyé soi-disant de Wœrth dans la soirée du 3 est donc absolument imaginaire ; le colonel Robert n'a pas quitté son général, et l'eût-il quitté quelques instants qu'il n'est pas soutenable que celui-ci aurait pu recevoir un ordre de cette nature et n'en rien dire, absolument rien, à son chef d'état-major. D'ailleurs, le fait qu'aucun avis n'est parti de Reichshoffen dans la soirée du 3 et dans la nuit du 3 au 4 prouve bien qu'on n'y avait reçu aucun renseignement sur la marche des colonnes allemandes, et si les mouvements de concentration de la IIIe armée avaient été connus le 3 au soir à Reichshoffen, c'est-à-dire à peine leur exécution terminée, il faut bien avouer qu'on aurait grand tort de reprocher à l'état-major français son défaut d'informations.

[2] Passage non cité par M. Duquet.

— 35 —

La question est donc tranchée : le commandant de la 1re division n'a jamais donné un pareil ordre.

Examinons maintenant s'il pouvait, dans la situation qui lui était faite par les instructions du duc de Magenta, arriver en temps utile au secours de la division Douay et quelles ont été les causes directes et immédiates de l'échec subi par cette dernière.

Le 4 août, à 8 h. 1/4 du matin, au moment où retentissait le premier coup de canon tiré sur Wissembourg, quelle était exactement la répartition de la division Ducrot, *conformément aux ordres du maréchal?*

Le gros (45e de ligne, 1er zouaves, artillerie et génie) était à 25 *kilomètres environ vers le sud-ouest*, en marche de Reichshoffen sur Lembach; le maréchal le savait, d'ailleurs, puisque nous avons vu qu'à 5 h. 27 du matin il télégraphiait au général Douay : « Faites prévenir le général Ducrot en route pour Lembach d'être également sur ses gardes ».

Ce groupe, avec lequel marchait le commandant de la division[1], ne pouvait, de toute évidence, arriver à temps sur le lieu du combat[2]; inutile d'insister, quoi qu'on ait pu écrire à ce sujet.

L'autre groupe (1re brigade) avait le 13e bataillon de chasseurs et le 18e de ligne à Lembach (4 heures de marche de Wissembourg) et le 96e à Clinbach (2 heures environ), avec des postes au Pigeonnier, d'où l'on domine Wissembourg, à 4 kilomètres à vol d'oiseau.

Ces deux corps occupaient ces emplacements dès le 3 au soir.

Si le général Ducrot *s'était tenu* à Lembach et qu'il eût été informé dans la matinée du combat engagé par la 2e division, on serait en droit de lui reprocher de n'avoir pas porté sur Wissembourg la brigade qu'il avait sous la main.

Mais, le 3 au soir, il avait par ordre du maréchal son quartier général à Reichshoffen, dont il partit au jour avec le gros de sa division, et il n'arriva à Lembach qu'à *midi*.

Il était encore à cheval, installant le bivouac de ses troupes,

---

[1] M. Duquet, contre toute vérité, raisonne comme si le général Ducrot avait été à Lembach dès le début de l'action.
[2] Général DERRÉCAGAIX, *La Guerre moderne;* Cours d'Histoire militaire de l'Ecole supérieure de guerre, 1886-87 et 1889-90.

lorsqu'il reçut la dépêche suivante du colonel de Franchessin du 96e [1] :

« Clinbach, le 4 août 1870, 11 *heures.*

« Mon général,

« J'ai l'honneur de vous rendre compte que l'ennemi tire le canon sur Wissembourg ; on me dit que le feu s'est déclaré dans plusieurs maisons. Cet avis nous est donné par le poste du Pigeonnier.

« Le 78e vient d'arriver. Je fais ployer mes bagages et lever le camp. Je ne me mettrai en route (pour Nothweiler) qu'à midi.

« Je suis avec un profond respect, mon général, votre très humble serviteur.

« Colonel DE FRANCHESSIN. »

Immédiatement, le général fit prendre les dispositions pour commencer la marche [2] ; d'un temps de galop il se porta de sa personne jusqu'à Clinbach d'abord, d'où il envoya à sa division l'ordre de continuer sa marche jusqu'au Pigeonnier où il fit remonter immédiatement le 78e ; puis il poussa lui-même jusqu'au col, mais il n'y arriva que pour voir nos troupes débordées de toutes parts et obligées d'évacuer le Geisberg en se repliant dans la direction de Cléebourg et de Pfaffenschlick.

Il prit sur-le-champ les dispositions nécessaires pour couvrir la retraite : le 1er bataillon du 78e est envoyé à Cléebourg, comme

---

[1] On lit dans le récit de M. Duquet, page 44 : « Midi vient de sonner ses 12 coups au clocher de Wissembourg... ; rien ne serait perdu peut-être si le général Ducrot daignait *se souvenir* qu'une division française se fait écharper depuis 4 heures en exécutant ses ordres. » — Page 40 : « Depuis 2 h. 1/2 que gronde la canonnade..., le maréchal et le général Ducrot n'ont-ils donc pris aucune résolution. Le maréchal... ; quant au général Ducrot, *qui se tient* aux environs de Lembach, à quoi pense-t-il ? » *Or, deux heures et demie après le commencement de la canonnade, le général Ducrot était encore en marche et à plus de 10 kilomètres de Lembach.*

[2] Un de nos camarades, qui était alors au 13e bataillon de chasseurs et qui était près du général Ducrot au moment où lui fut remise la dépêche du colonel de Franchessin, nous a confirmé entièrement tous ces détails que nous extrayons de la brochure : *Wissembourg, réponse à l'état-major allemand.* De Lembach on n'entendit pas la canonnade ; cette localité est à 16 kilomètres de Wissembourg, et le son était intercepté par des massifs boisés et montagneux ; il ne porta même pas jusqu'à Clinbach ; la direction du vent contribua également à ce résultat. Consulter également à ce sujet les *Souvenirs de guerre* du colonel de PONCHALON.

poste avancé ; le 45ᵉ et le 13ᵉ bataillon de chasseurs occuperont le col de Pfaffenschlick ¹.

Donc, au moment où le général Ducrot a été informé du combat de Wissembourg, vers midi, *il était de toute impossibilité* qu'il portât sur le lieu du combat, alors fort avancé, les forces qu'il venait d'amener à Lembach où *il ne faisait qu'arriver*, et qui se trouvaient par conséquent à 16 kilomètres du champ de bataille.

Si à cette heure les deux divisions étaient hors d'état de combiner leurs opérations, on ne peut que s'en prendre à leur répartition défectueuse, qui était le fait du commandant du 1ᵉʳ corps, et les assertions d'écrivains qui ne se sont même pas donné la peine d'examiner la situation avant de se prononcer, ne tiennent pas debout.

Par contre, remarquons ce qui se passe à Clinbach et au Pigeonnier.

Comment expliquer d'abord que le colonel de Franchessin n'ait reçu qu'à 11 heures l'avis du combat engagé depuis 8 heures du matin à Wissembourg ?

Que faisait donc le chef du poste du Pigeonnier ?

Il eût dû faire partir cet avis vers 8 h. 1/2 ou 8 h. 3/4 au plus tard, et comme du Pigeonnier à Clinbach il y a à peu près 4 kilomètres, le colonel du 96ᵉ devait être prévenu à 9 h. 1/4 ou 9 h. 1/2 si le porteur du renseignement était un homme à pied, ce qui est peu croyable ; vers 8 h. 55 ou 9 h. 10 si, comme c'est vraisemblable, c'était un cavalier (il y avait au Pigeonnier un détachement du 3ᵉ hussards).

Il y a donc eu là une regrettable négligence qui ne s'explique que trop par le laisse-raller qui régnait à cette époque dans notre armée en matière de service en campagne. Même si l'on considère que le 78ᵉ n'est arrivé qu'un peu avant 11 heures à Clinbach et qu'il était forcément suivi par le détachement du 96ᵉ, qu'un de ses bataillons venait de relever au poste du Pigeonnier, on sera amené à conclure que le chef de ce détachement n'a prévenu qu'à son arrivée à Clinbach le colonel de Franchessin du combat engagé, car il tombe sous le sens qu'un avis expédié avant le dé-

---

¹ Lieutenant-colonel Bonnal, *Études sur Frœschwiller*, p. 75.

part du 78ᵉ du Pigeonnier pour Clinbach y serait arrivé avant ce régiment et non en même temps, comme le constate la dépêche du colonel du 96ᵉ.

Toutefois, constatons que lors même que la nouvelle du combat eût été transmise dans des conditions normales, le commandant de la 1ʳᵉ brigade de la 2ᵉ division ne pouvait être averti à Lembach que vers 9 h. 1/2 au plus tôt. Il ne pouvait être donc que vers midi 1/2 à Roth, en admettant qu'il ait pris immédiatement sa décision [1] et que sa marche ait été interrompue (de Lembach à Roth il y a un peu plus de 13 kilomètres); il serait donc arrivé trop tard, la présence de deux régiments d'infanterie (trois si le 78ᵉ se fût reporté aussi sur Wissembourg) et d'un bataillon de chasseurs ne pouvant à cette heure modifier la marche des événements, mais simplement faciliter la retraite de la division Douay et rendre la victoire plus meurtrière pour les Allemands.

Maintenant, si l'on examine ce qui se passe au 96ᵉ et au 78ᵉ, au 78ᵉ surtout, on est frappé d'étonnement.

Le 78ᵉ fait partie de la division Douay (brigade Pellé). En exécution des ordres du maréchal il a quitté le Vogelsberg à la pointe du jour vers 5 heures; il avait de 7 à 8 kilomètres à faire pour aller à Clinbach, et il n'y arrive qu'un peu avant 11 heures, alors qu'il pouvait facilement y être à 7 heures.

Pourquoi? Il est facile de l'établir : d'abord il faut tenir compte des fatigues de la marche de la veille, d'une nuit de bivouac et du départ matinal après un repos insuffisant; ensuite ce régiment avait à relever les postes du 96ᵉ; or, dans ce pays boisé, montagneux, que le 78ᵉ ne connaissait pas, on était dépourvu de cartes; les généraux et les états-majors n'en avaient pas, comme s'en plaignait le général Douay le 4 au matin; à plus forte raison les officiers des corps de troupe.

Il y avait donc de grosses difficultés à se diriger, et dans ces conditions il est certain que le gros du 78ᵉ se sera arrêté au Pigeonnier et n'aura repris sa route pour Clinbach qu'après la

---

[1] On remarquera que la dépêche dans laquelle le colonel de Franchessin transmet l'avis qui lui est donné par le chef du poste du Pigeonnier ne donne aucune idée de l'importance de la lutte engagée, alors que pourtant, du haut du col, on eût dû être rapidement fixé sur les effectifs allemands et sur la gravité du combat.

relève des postes du 96ᵉ et l'installation des siens propres, ce qui peut seul expliquer son arrivée tardive.

En mettant à 10 h. 3/4 (dépêche du colonel de Franchessin) cette arrivée à Clinbach, comme du Pigeonnier à Clinbach il y a une très bonne route et 4 kilomètres environ, il faut donc admettre que le 78ᵉ n'a quitté le Pigeonnier que vers 9 h. 1/2 ou 9 h. 3/4.

Or, à cette heure, le combat battait son plein à Wissembourg et sur les bords de la Lauter; la canonnade grondait depuis plus d'une heure, et le chef du 78ᵉ qui, du Pigeonnier, assistait à cet engagement de sa propre division comme du haut d'un amphithéâtre, n'a pas pris sur lui de réunir son monde, de laisser là la relève du 96ᵉ et de retourner rejoindre ses camarades engagés [1]. Non, il exécute sa consigne, donnée à un moment où il n'est pas question de combat mais d'un simple service d'avant-postes, et il n'expédie même pas un cavalier à Wissembourg pour demander des ordres, puisqu'il n'était pas homme à s'en passer.

Aussi bien peut-être est-il parti du Pigeonnier un peu avant 9 h. 1/2 et, dans ce cas, la lenteur de sa marche s'explique-t-elle par les sentiments qu'éprouvaient ses soldats, ses officiers, que nous voulons penser qu'il éprouvait lui-même, en marchant dans un sens diamétralement opposé au bruit du canon [2] ?

---

[1] Ces lignes étaient écrites lorsque nous avons reçu communication de l'historique du 78ᵉ, qui en est la confirmation. Voici ce qu'on y lit : « Un peu avant 5 heures du matin le 78ᵉ se dirige par des chemins de traverse fort difficiles sur les villages d'Oberhoffen et de Roth, pour rejoindre au-dessus de Roth la route de Bitche et relever le 96ᵉ au col du Pigeonnier; les bagages devaient partir à 7 heures. Le régiment occupa les positions suivantes : la 1ʳᵉ du 1ᵉʳ au col du Pigeonnier; la 2ᵉ du 1ᵉʳ et la 2ᵉ section de la 3ᵉ compagnie à l'Observatoire, à gauche de la route en regardant *vers l'ennemi*; la 1ʳᵉ section de la 3ᵉ établit trois postes sur les côtés de la route qui descend à Wissembourg; des patrouilles du 3ᵉ hussards la parcourent constamment; le demi-bataillon de gauche du 1ᵉʳ bataillon, le 2ᵉ bataillon en entier, le demi-bataillon de droite du 3ᵉ bataillon à Clinbach; le demi-bataillon de gauche du 3ᵉ de grand'garde au nord aux Quatre-Chemins détache la 4ᵉ compagnie au col de Pfaffenschlick.

« *A peine le régiment était-il arrivé au sommet du col que le canon se fit entendre à Wissembourg; quelques instants après un hussard annonça l'engagement. Vers une heure le feu avait à peu près cessé; l'engagement paraissait terminé.* »

Cet historique se passe de commentaires; inutile de faire remarquer l'incroyable dislocation des troupes qui prennent les avant-postes; les unités y sont mélangées et séparées comme à plaisir.

[2] Le 78ᵉ était commandé par le colonel de Carrey de Bellemare.

Au 96e, le colonel de Franchessin prend sur lui de retarder son départ pour Nothweiler; s'il ne marche pas au canon, il est juste de dire qu'il n'appartenait pas à la division engagée et qu'il venait de se mettre, aussitôt qu'il avait eu connaissance du combat devant Wissembourg, en mesure de recevoir rapidement des ordres de Lembach.

Si nous avons autant insisté, c'est que nous trouvons là la conséquence directe des idées de l'époque où l'absence de manœuvres de guerre, la pratique exclusive de la place d'exercices où l'on n'exécute pas de mouvements sans ordres et, il faut bien le dire, le discrédit où était tombée l'étude de la guerre avaient supprimé presque partout l'initiative et réduit tant de nos chefs, si braves personnellement devant l'ennemi, à une pusillanimité qui étonne, aujourd'hui que le cours des idées s'est modifié, dès qu'ils étaient livrés à eux-mêmes et forcés de prendre une décision.

Le fait n'est pas isolé, il est général, au contraire; on le retrouve à chaque instant dans cette funeste campagne; point n'est besoin d'en citer les exemples, hélas trop nombreux et trop connus!

Il nous reste maintenant à examiner ce qui s'était passé à Wissembourg et à rechercher pourquoi les instructions du général Ducrot, celles mêmes adressées par le maréchal pendant la nuit du 3 au 4, furent transgressées pendant la lutte.

Personnellement, le général Ducrot n'avait pas à avoir d'inquiétudes sur le sort de la division Douay qui, d'après ses instructions, devait avoir son gros massé en arrière du Geisberg et du Vogelsberg, à plus de 2 kilomètres au sud de la vallée de la Lauter, qu'elle dominait et observait par des postes, disposant d'une brigade de cavalerie pour s'éclairer et qui, par conséquent, avait toute facilité pour voir déboucher l'adversaire et se replier par les directions indiquées par lui en cas d'attaque par des forces supérieures.

Le général Douay avait reçu du maréchal de Mac-Mahon deux télégrammes :

Premier télégramme.

« Maréchal de Mac-Mahon à Douay.

« Strasbourg, 5 h. 27 du matin (expédié à 6 heures).

« Avez-vous quelques renseignements vous faisant croire à un rassemblement nombreux devant vous [1] ? Répondez immédiatement, *tenez-vous sur vos gardes, prêt à vous rallier, si vous étiez attaqué par des forces très supérieures, au général Ducrot, par le Pigeonnier ;* faites prévenir le général Ducrot, en route pour Lembach, d'être également sur ses gardes.

« Mac-Mahon. »

Ce télégramme arriva au général Douay vers 7 heures du matin. Un peu après que le général Douay eut reçu cette dépêche, une reconnaissance envoyée au point du jour, et composée de deux escadrons du 11ᵉ chasseurs, appuyés par un bataillon de tirailleurs et une section d'artillerie, le tout sous les ordres du colonel Dastugue, du 11ᵉ chasseurs, venait de rentrer ; il était 7 h. 1/2 [2]. Le rapport du colonel Dastugue disait « que la reconnaissance avait dépassé la frontière de quelques kilomètres et n'avait pas aperçu l'ennemi. »

Nous reviendrons en temps utile sur les suites de cette reconnaissance qui met à nu le défaut d'instruction de notre cavalerie à cette époque ; bornons-nous à rappeler pour le moment qu'une

---

[1] Le maréchal avait été prévenu par une dépêche de l'empereur qu'il serait attaqué le jour même. Cette dépêche avait jeté dans son esprit une certaine indécision, le grand quartier impérial lui ayant mandé le 1ᵉʳ août « que les renseignements reçus indiquaient chez l'ennemi une disposition à l'offensive, bien qu'il fût loin d'être prêt ». Voilà pourquoi il demande au général Douay s'il a des renseignements sur l'ennemi.

[2] « Répondez immédiatement », avait télégraphié le maréchal. — Aucun document, aucun témoignage n'indique que cette réponse fut faite. L'heure du commencement du combat dit assez pourquoi, et, si une réponse est partie avant l'ouverture du feu par la batterie bavaroise, elle ne pouvait que dire au maréchal que la reconnaissance envoyée (dont il était logique d'attendre le retour avant de répondre) ; elle ne pouvait que dire que cette reconnaissance n'avait pas rencontré l'ennemi et par conséquent induire en erreur le commandant du 1ᵉʳ corps, tout comme le commandant de la 2ᵉ division l'a été lui-même ; encore cette réponse n'eût-elle pu arriver au maréchal qu'à 9 heures, si l'on tient compte de la durée de la transmission de toutes les autres dépêches entre Strasbourg et Wissembourg.

demi-heure après sa rentrée le combat commençait par la canonnade de la batterie bavaroise de Schweigen contre la ville de Wissembourg.

Deuxième télégramme.

« Maréchal Mac-Mahon à Douay.

« Strasbourg, 8 h. 35 du matin.

« Je partirai à 9 heures pour Wissembourg dans l'intention de faire la tournée des postes des 1re et 2e divisions.

« Mac-Mahon. »

(Ce 2e télégramme fut reçu vers 10 heures par le colonel Robert, chef d'état-major de la 2e division.)

Quel fut donc le fatal concours de circonstances qui amena la division Douay à pousser la résistance jusqu'aux dernières limites, contrairement aux instructions du maréchal?

Et d'abord, on ne saurait prétendre sérieusement, comme le fait M. Duquet, que la deuxième communication du maréchal annulait la première, ou, pour me servir de ses propres termes, « la modifiait complètement », et qu'elle amena le général Douay, attendant l'arrivée de son chef, à continuer une lutte disproportionnée.

Le premier télégramme, celui de 5 h. 27, est une instruction très nette, très ferme en cas d'attaque de l'ennemi. Son but est d'orienter le chef de la 2e division sur la conduite qu'il aura à tenir.

Celui de 8 h. 35 est envoyé à un moment où le maréchal n'a et ne peut avoir aucune connaissance de l'engagement devant Wissembourg, qui ne faisait que commencer à pareille heure; il indique le simple projet d'aller visiter les avant-postes, terme qui exclut le fait de la connaissance du combat, dont il ne reçut d'ailleurs l'avis qu'à 9 h. 45 du matin et d'une manière assez informe, par le chef de gare de Wissembourg qui télégraphia à 8 h. 25 :

« Je fais arrêter le train n° 20-39 à Soultz, on tire en ce moment sur la ville; les boulets arrivent jusqu'à la gare. »

Si, au moment où le maréchal envoyait son télégramme n° 2, il avait pu être averti par le général Douay, soit de l'attaque des Allemands, soit de l'approche de leurs colonnes, on pourrait peut-être soutenir que le fait d'avoir annoncé son départ autorisait en quelque sorte le commandant de la 2ᵉ division à prolonger le combat à tout prix jusqu'à son arrivée et contrairement à ses instructions précédentes, et ce serait encore là une déduction inadmissible, du moment que le duc de Magenta ne parlait que de l'arrivée de sa personne et qu'il ne mentionnait pas qu'il amenât des troupes avec lui.

Mais, répétons-le, l'heure d'expédition de la dépêche comme les termes de sa rédaction disaient hautement, et à eux seuls, que le commandant du 1ᵉʳ corps ne savait pas en la rédigeant que l'ennemi attaquait Wissembourg, et il avait bien le droit d'annoncer une visite d'avant-postes sans qu'on se crût autorisé, par ce simple avis, à se considérer comme dégagé d'instructions formelles visant le cas précis d'une attaque par un ennemi supérieur en nombre.

Les instructions contenues dans la première dépêche subsistaient donc entières après la réception de la deuxième, et cela dégage en partie la responsabilité du maréchal de Mac-Mahon dans cette malheureuse affaire.

D'ailleurs, nous verrons plus loin que, postérieurement à la réception du télégramme n° 2 par le colonel Robert, le général Douay, alors convaincu qu'il était réellement attaqué par des forces supérieures, a commencé à donner les ordres nécessaires pour la retraite ; à 10 heures, il recevait le télégramme n° 2 du maréchal ; à 10 h. 1/4, il prescrivait les premiers mouvements de retraite et, avant d'avoir pu finir de donner ses ordres, il tombait blessé à mort ; il n'avait donc pas été influencé par cette dernière dépêche et n'y avait attaché d'autre importance que celle qui convenait [1].

Et, pour confirmer ce que nous avons avancé et mettre en relief les causes immédiates de la défaite, nous empruntons au général Derrécagaix (*La Guerre moderne*, 1ʳᵉ partie : Stratégie) les lignes suivantes :

---

[1] M. Duquet cite, en note, à la page 43, à l'appui de son dire, un extrait de *la Guerre franco-allemande*, par Amédée LE FAURE, ouvrage d'ailleurs qui fourmille d'erreurs de toute nature : « L'ordre de retraite, y est-il dit, n'est pas encore donné, une dépêche du maréchal ayant le matin même averti l'état-major de la 2ᵉ division de son arrivée prochaine sur *le lieu du combat*. Le général Pellé compte aussi sur les renforts que le général Ducrot peut lui envoyer de Lembach *où se trouve* son quartier général. » Autant d'affirma-

— 44 —

« Au premier moment, l'opinion publique surexcitée[1] voulut trouver la cause de ce revers dans un manque de vigilance ou une faute stratégique.

« En réalité, si la reconnaissance du matin avait été faite autrement, comme celle des Prussiens, par exemple, le général Douay *aurait été prévenu à temps* de la présence des masses ennemies.

« Pour cela, il aurait suffi que la brigade de cavalerie dirigeât deux escadrons sur chacune des routes qui partent de Wissembourg dans la direction du nord [2], et que l'exploration fût poussée à 7 ou 8 kilomètres au plus.

« Dès lors, le général Douay aurait pu se replier et éviter un désastre.

« *Sa position avancée ne l'exposait donc à un danger que s'il était mal éclairé.*

« Si la veille, dans sa marche sur Wissembourg, sa division avait été précédée par sa cavalerie à une demi-journée de marche, il aurait connu la gravité de la situation dès le 3 au soir.

« La première cause de cet échec était donc dans l'insuffisance du service d'exploration sur la frontière [3]. »

Écoutons maintenant le général Maillard :

« Nous ignorons dans quels termes l'ordre fut donné le 4 août au soir d'exécuter une reconnaissance.

---

tions, autant d'inexactitudes ; en premier lieu, le maréchal avait annoncé une visite *d'avant-postes* et non son arrivée sur le lieu d'un combat qu'il ignorait être engagé au moment où il télégraphiait. En second lieu, l'exposé de la marche de la division Ducrot dans la matinée du 4, l'heure de son arrivée à Lembach prouvent combien M. Le Faure et, à sa suite, M. Duquet se sont trompés en raisonnant sans avoir pris le soin d'examiner l'emplacement des troupes aux différentes heures, et comme si le général Ducrot avait eu le 4 au matin son quartier général et sa division à Lembach. Comment ne pas remarquer aussi que si le général Pellé, après le général Douay, avait attendu des secours de Lembach, il est bien extraordinaire qu'il n'ait pas envoyé les demander ; mais si le général Douay ne l'a pas fait, c'est parce que son intention, conforme aux ordres reçus, était de battre en retraite devant des forces supérieures et de ne se maintenir que si l'ennemi ne dépassait pas sensiblement ses moyens ; quant au général Pellé, nous verrons plus loin, qu'après sa prise de commandement, il se borna à ordonner la retraite.

[1] Les erreurs de l'opinion publique surexcitée sont excusables, celles d'un historien qui écrit de longues années après les événements ne le peuvent être.

[2] Conformément aux instructions du général Ducrot.

[3] Voir également les Cours d'histoire militaire déjà cités de l'Ecole supérieure de guerre.

« Mais si notre cavalerie avait alors connu son rôle, elle n'eût pas simplement longé la Lauter; elle se fût portée en avant jusqu'à l'ennemi et eût ramené des prisonniers. »

Donc voilà la vraie cause, la cause immédiate du désastre; c'est la reconnaissance insuffisante de notre cavalerie. Cette cavalerie n'était pas dressée : elle ignorait son service, il aurait fallu que les points à atteindre lui fussent nettement indiqués, et il est rationnel de supposer qu'ils ne le furent pas. Il faut aussi qu'il ait été posé bien peu de questions au colonel Dastugue lorsqu'il rendit compte de l'exécution de sa mission; si on lui eût fait préciser son itinéraire et les points visités par ses cavaliers, l'état-major de la 2ᵉ division n'aurait certes pas conçu une fausse sécurité. Enfin il faut bien ajouter que, malgré les résultats négatifs de cette reconnaissance, les avis répétés du sous-préfet de Wissembourg, que l'on finit par blâmer de son insistance, et ceux des habitants auraient dû suffire pour tenir en éveil, comme le remarque le général Canonge.

Mais même après l'engagement des troupes avancées, la 2ᵉ division pouvait parfaitement se retirer sans être compromise.

Il en fut autrement pour les raisons suivantes [1] :

1º Au début de l'action le général Pellé quittant le Vogelsberg marcha immédiatement jusqu'aux abords de Wissembourg avec le 1ᵉʳ tirailleurs algériens [2].

Ce mouvement en avant, si louable qu'il fût, avait le grand tort d'engager prématurément plus du tiers de l'effectif en infanterie de la 2ᵉ division, et de porter le combat dans la vallée même de la Lauter, contrairement aux prescriptions du général Ducrot. En outre, il éloigna le général Pellé du commandant de la division,

---

[1] Notre intention n'est pas de refaire le récit du combat de Wissembourg, mais simplement de mettre en relief les incidents qui infirment la thèse que nous combattons, d'autant plus que presque tous ont été passés sous silence par les défenseurs de cette thèse.

[2] Général DERRÉCAGAIX, La Guerre moderne; Cours déjà cité de l'Ecole supérieure de guerre.

M. Duquet ne parle pas de ce mouvement en avant du général Pellé dès le premier coup de canon, car il le croit installé de la veille sur les positions qu'il défendit; pour lui, le Vogelsberg (où le 78ᵉ et le 1ᵉʳ tirailleurs ont passé la nuit) n'a jamais été occupé. La lettre du colonel Robert à défaut d'autre document eût pu renseigner sur ce point M. Duquet, qui eût bien dû se demander quels étaient « les mouvements trop avancés dus exclusivement à l'excès d'ardeur des troupes » dont il y est parlé.

et nous verrons plus loin ce qui en résulta lorsque ce dernier fut blessé.

2° La mort du général Douay aggrava la situation.

Cet officier général, qui montra ce jour-là tant de sang-froid et tant de bravoure, était orienté, nous l'avons vu, sur la conduite à tenir en cas d'attaque par des forces supérieures.

« Aussi, dit le général Derrécagaix [1], à la rentrée de la reconnaissance de cavalerie, il avait donné l'ordre suivant à ses généraux de brigade :

« Dans le cas peu probable [2] d'un mouvement de concentra-
« tion sur la division Ducrot, le mouvement commencera par la
« 2ᵉ brigade. Elle suivra les crêtes pour aboutir à la route de
« Wissembourg à Bitche en passant ainsi par le bas de la mon-
« tagne du Pigeonnier et le village de Clinbach.

« Le quartier général du général Ducrot est à Lembach [3]. »

Le texte de cet ordre, *que M. Duquet omet de citer*, prouverait à lui seul que le général Douay n'avait pas reçu l'ordre de rester à Wissembourg et d'accepter le combat ; les lignes de retraite qu'il indique sont celles que le général Ducrot a tracées lui-même au crayon sur le croquis qu'il lui a expédié...

« L'action s'engage.

« Le 1ᵉʳ tirailleurs s'est porté aux abords de la ville, où il tient tête à la division Bothmer.

« Vers 10 heures, continue le général Derrécagaix, le détachement de droite de la division Bothmer, arrivé sur la Lauter, se rabattit sur Wissembourg, prenant nos troupes sur leur flanc gauche.

« Au même instant le XIᵉ corps prussien arrivait à Schleithal, à 6 kilomètres sur notre droite au sud de la Lauter.

« Le général Douay *se rendit compte alors de la gravité de l'affaire*, et fit prendre à la 2ᵉ brigade (Montmarie) ses positions de combat autour du Geisberg.

---

[1] Voir également les Cours précités de l'Ecole supérieure de guerre.

[2] Peu probable en raison des renseignements fournis par la reconnaissance de cavalerie ; elle n'avait même pas découvert l'ennemi : il était donc peu probable qu'il fût à même d'attaquer avec des forces supérieures ; il en résultait une fausse sécurité.

[3] Il ne devait y être qu'à midi ; mais évidemment le général Douay parlait d'une manière générale pour l'ensemble de la journée du 4.

« La cavalerie de Septeuil fut chargée de relier les deux brigades.

« Les troupes de la brigade Montmarie étaient à peine sur leurs emplacements que deux batteries du XIe corps arrivaient au point de réunion des routes de Strasbourg et de Schleithal et ouvraient sur elles un feu meurtrier. Nos deux batteries divisionnaires leur répondaient de leur mieux, partageant leurs coups entre elles et les batteries établies maintenant sur le Windhof.

« La lutte se soutint avec une rare énergie, et près de la ville, les coups de nos tirailleurs obligèrent la division bavaroise à attendre l'arrivée des têtes de colonne du Ve corps.

« Elles se montrèrent bientôt marchant sur Altenstadt.

« Du haut du Geisberg le général Douay suivait la marche du combat. Quand il vit les *masses ennemies déboucher de tous côtés*, au nord de la Lauter, par la route de Lauterbourg, par les chemins de Niederwald, par Schleithal, *il comprit le danger de prolonger l'engagement.*

« *Il envoya aussitôt au général Pellé l'ordre de battre en retraite* assez lentement pour donner au commandant Liaud, du 74e, le temps de le rallier. Il fit prescrire à ce dernier d'évacuer Wissembourg [1].

« Il se disposait à donner le même ordre au général de Montmarie quand il fut mortellement frappé par un éclat d'obus.

« Il succomba peu d'instants après.

« Cet événement aggrava la situation.

« Le général Pellé ne put être prévenu que vers *midi* [2].

« A ce moment il était vivement pressé par les masses ennemies. » D'ailleurs, il reçut en même temps l'ordre du général Douay de battre en retraite et la nouvelle de sa blessure. » (*Cours d'histoire militaire de l'École supérieure de guerre*, 1889-90.)

Mais pendant le temps qui s'était écoulé entre l'envoi de l'ordre

---

[1] M. Duquet est muet sur ces divers ordres. Il dit d'ailleurs, p. 43, que le général Pellé dirige la défense de la ville.

[2] M. Duquet ne fixe pas d'heure pour la mort du général Douay, point qui a pourtant son importance ; mais il résulte de son récit que, pour lui, la transmission du commandement s'est faite sans perte de temps ; à ce sujet, on lit dans le Cours de l'Ecole supérieure de guerre 1886-87 : « Les allées et venues (nécessitées par la transmission du commandement) prirent du temps, et le général Pellé ne put être prévenu que vers midi. »

expédié au général Pellé et son arrivée à destination, la situation avait singulièrement empiré, et voilà pourquoi on est en droit de regretter[1] une fois de plus le mouvement en avant qui avait dégarni le Vogelsberg dès le début du combat ; si le commandant de la 1re brigade y fût resté, il ne se fût pas trouvé ainsi compromis ; il eût été en situation de prendre le commandement sans perte de temps, et de faire continuer la retraite qui, dans ce cas, suivant l'ordre du matin, aurait débuté par le mouvement en arrière de la 2e brigade évacuant le Geisberg, tandis que les mesures prévues par le général Douay se trouvèrent inapplicables par suite de l'offensive irréfléchie de notre gauche et qu'avant de faire retirer la brigade de Montmarie, il fallut songer préalablement aux tirailleurs qui luttaient sur les bords de la Lauter et les ramener en arrière.

Du Vogelsberg, si l'on y fût resté, en poussant en avant quelques troupes de repli, il était facile d'assurer les communications avec Wissembourg, la transmission des ordres en temps opportun et la retraite des défenseurs : le terrain s'y prêtait admirablement.

Mais on a vu qu'en raison de ce qui s'était passé, notre situation s'était modifiée ; l'attaque de l'ennemi était devenue très pressante ; le Ve corps attaquait le flanc droit des tirailleurs ; le IIe bavarois avait repris son offensive d'abord arrêtée par la vigueur des tirailleurs algériens ; se dégager était devenu chose bien compliquée ; le bataillon qui occupait la place par suite des retards dans la transmission des ordres était sur le point d'être cerné et ne devait pas tarder à mettre bas les armes[2].

---

[1] Il est certain que le général Douay, au début de l'action, avait commis une imprudence en envoyant un régiment dans la vallée, sans savoir quelles étaient les forces de l'ennemi. S'il avait gardé toutes les troupes sur les positions indiquées par le général Ducrot, tout en conservant ses communications avec Wissembourg, il aurait vu déboucher toutes les forces ennemies et, devant leur supériorité numérique, il aurait pu, après avoir fait évacuer la ville, se replier à temps avec sa division sur le col du Pigeonnier et faire sa jonction avec la division Ducrot (colonel de PONCHALON, *Souvenirs de guerre*, 1893). (Apportons une légère rectification : le mouvement en avant a été spontané et non ordonné par le général Douay). — Le général Douay abandonnant alors en partie la ligne des hauteurs dont la possession lui eût permis de battre en retraite vers le col du Pigeonnier dès qu'il se serait aperçu qu'il avait affaire à trop forte partie, porta le général Pellé sur la gare et les abords de la ville avec le 1er régiment de tirailleurs algériens et 1 batterie (général CANONGE).

[2] Voir dans le Cours d'histoire militaire de l'Ecole supérieure de guerre

Le général Pellé rallia néanmoins ses tirailleurs, *les ramena à leur camp du matin où ils reprirent leurs sacs*, et les dirigea ensuite vers les hauteurs du Pigeonnier. (Général DERRÉCAGAIX, *La Guerre moderne*; Cours d'histoire militaire déjà cité.)

Il ne put qu'approuver les dispositions prises par le général de Montmarie pour se reporter en arrière. (Cours d'histoire militaire de l'École supérieure de guerre, 1886-1887.)

Il n'intervint donc, après qu'il eut pris le commandement, qu'en vue de la retraite, sans avoir jamais songé, comme on l'a écrit bien à tort, à prolonger la résistance jusqu'à l'arrivée du maréchal ; l'heure à laquelle il reçut l'avis qu'il avait à prendre le commandement et le fait qu'en même temps que cet avis lui arrivait l'ordre de retraite, dernier ordre donné par l'infortuné général Douay, rapproché de la situation du combat vers midi, explique qu'il ne pouvait en être autrement [1]. Mais, les troupes de la 2ᵉ brigade qui, par suite des accidents que nous avons relatés, étaient restées trop longtemps au Geisberg, étaient alors *trop engagées pour pouvoir rompre le combat*; sans la mort du général Douay, elles auraient reçu l'ordre de retraite deux heures plus tôt et elles auraient pu se retirer sans être le moins du monde pressées par les Allemands.

Une telle situation ne se fût pas produite davantage si, au moment de la mort du général Douay, le général Pellé se fût encore trouvé au Vogelsberg. L'ordre de battre en retraite fût parvenu à temps au 74ᵉ et au 50ᵉ, et le mouvement en arrière eût été parfaitement exécutable. Mais, au point l'où on en était arrivé, on était réduit à soutenir coûte que coûte, malgré une disproportion numérique écrasante, une lutte acharnée contre les Vᵉ et XIᵉ corps prussiens qui n'avaient devant eux que 4 bataillons français.

(1886-1887), pages 211 et 212, les détails de la défense et de la prise de Wissembourg. En les comparant à la version de M. Duquet, on verra combien cet écrivain se tient à côté de la vérité.

[1] « Le général Douay a été tué au moment où, pour observer les mouvements de l'ennemi, il s'était porté avec nous sur ce sommet des Trois peupliers où se trouvait alors notre batterie de mitrailleuses, dont, pour la première fois, nous expérimentions les effets, et près de cette ferme de Schafsbüch, où j'ai dû faire établir une ambulance improvisée et vers laquelle je l'ai fait transporter en même temps que le capitaine d'état-major du Closel, blessé près de lui. » (Lettre du général Robert, ancien chef d'état-major du général Douay.)

— 50 —

« Le détachement français, dit le colonel Bonnal, maintenu de front par la 4ᵉ division bavaroise (Bothmer), débordé par le Vᵉ corps, enveloppé à peu de chose près par le XIᵉ, a bien joué le rôle d'ennemi masqué, de plastron.

« Avec 12 canons de 4 et 6 mitrailleuses, les 8 bataillons français ont subi pendant cinq à six heures la canonnade de 200 pièces à longue portée, soutenant les attaques de 80,000 hommes.

« Honneur aux braves gens qui, sans espoir de vaincre, ont lutté en désespérés pour maintenir leur réputation de vaillance.

« On ne peut que souhaiter aux troupes françaises de la prochaine guerre une intrépidité pareille, *moins gaspillée, mieux endiguée*, dirigée surtout par des chefs sachant la guerre et assez artistes pour la bien faire. »

Nous ne reviendrons pas sur la défense héroïque dans laquelle les quatre bataillons du 50ᵉ et du 74ᵉ s'illustrèrent au Geisberg, ni sur la manière dont s'opéra la retraite, pour ainsi dire sans poursuite de la part des Allemands ; tout cela a été exposé dans les ouvrages que nous avons eu si souvent à citer et dans d'autres relations [1].

Pour résumer toute cette longue discussion, nous concluons :

1º La division Douay, détachée à Wissembourg, n'était nullement compromise, à condition de s'éclairer, et elle disposait de cavalerie en quantité suffisante pour remplir cet objet ;

---

[1] Une des relations qui ont paru sur Wissembourg, publiée sous le titre de : *Le combat de Wissembourg, récit des opérations tactiques*, et les initiales L. D., commence par dire que, le 3 août au soir, le général Douay, après avoir reconnu dans les lignes ennemies d'importants mouvements, *présage certain d'une attaque pour le lendemain*, était résolu à battre en retraite, mais qu'il en référa au général Ducrot qui lui ordonna de rester à Wissembourg et d'accepter le combat. M. L. D. dit que la division Douay avait 11 bataillons, que 2 bataillons du 78ᵉ étaient *détachés à Seltz* (où il y avait en réalité le 16ᵉ bataillon de chasseurs et 1 bataillon du 50ᵉ), et, dans le cours du récit, que 2 bataillons de ce 78ᵉ, qui, d'après lui, étaient d'abord à Seltz et qui, en réalité, étaient au Pigeonnier, ont pris part au combat et ont soutenu une lutte énergique près de la ville contre le Vᵉ corps prussien ; il fait intervenir, dans la bataille, le 16ᵉ bataillon de chasseurs qui était à Seltz ; enfin, il raconte que le général Douay est mort vers la fin de la résistance du Geisberg, *en dirigeant à pied, en avant de ses tirailleurs, la canne à la main*, un retour offensif ; que sa mort fut le signal de la débandade et de la défaite, etc., etc. Autant d'erreurs impardonnables parce qu'elles pouvaient être évitées et qu'elles restent dans l'esprit des lecteurs dont elles faussent l'opinion ?

2° Elle pouvait, grâce aux dispositions indiquées par le général Ducrot, éviter le combat ou le rompre en temps utile ;

3° L'ordre d'accepter le combat et de rester à Wissembourg ne lui a jamais été donné par le général Ducrot ;

4° L'ordre inverse lui a, au contraire, été envoyé le 4 au matin par le maréchal ;

5° Cet ordre demeurait tout entier après l'annonce de la visite des avant-postes faite par le duc de Magenta à un moment où il ne savait et ne pouvait savoir que la 2° division était attaquée ;

6° L'emploi défectueux de la cavalerie dans la journée du 3 et dans la matinée du 4 a seul amené la surprise ;

7° Si cette surprise a eu des effets bornés puisque la lutte a pu se soutenir dans les conditions que l'on sait, ce résultat a été dû aux ordres du général Ducrot, tandis que si l'on se fût conformé à ceux du maréchal, les résultats eussent été foudroyants ;

8° La retraite de la division Douay se fût exécutée sans difficultés, au moment voulu, sans le mouvement irréfléchi du 1er tirailleurs et sans la mort du général ;

9° De Lembach où il venait d'arriver avec le gros de sa division, en exécution des ordres du maréchal, au moment où il a eu connaissance à midi de l'engagement de Wissembourg, le général Ducrot était dans l'impossibilité de secourir en temps voulu la 2° division ; il a pris, sans perdre une minute, toutes les mesures dictées par les circonstances.

Finalement, nous dirons avec le général Derrécagaix :

« L'enseignement qui ressortait le plus clairement du combat de Wissembourg, c'est qu'il était désormais impossible à une troupe, quelle que fût sa force, de s'établir sur une position sans être éclairée au moins à une journée de marche. »

FROESCHWILLER.

Nous nous étendrons peu sur Frœschwiller. Cette bataille a été l'objet de nombreuses relations, parmi lesquelles nous signalerons tout particulièrement, du côté français, l'œuvre si puissante et si originale, absolument hors de pair, du colonel Bonnal, et nous ne discuterons pas le récit toujours entaché des mêmes causes d'erreur qu'en donne M. Duquet. D'ailleurs, il n'y a pas trouvé matière à incriminer le général Ducrot qui, dit-il, « fit preuve, ce jour-là, d'une grande habileté ». Ce que « nous avouons, ajoute-t-il, d'autant plus facilement que nous avons eu et que nous aurons à lui adresser de bien graves reproches ».

Nous croyons, au contraire, qu'un tel aveu a coûté beaucoup puisqu'il est fait immédiatement des réserves; mais n'est-il pas extraordinaire qu'un général qui, l'avant-veille, aurait entassé fautes sur fautes, qui, à Sedan, toujours suivant la même opinion, manquera « du plus vulgaire coup d'œil militaire », qui est qualifié de « médiocre tacticien, mauvais stratégiste », qui devait s'en rapporter à cette même appréciation, montrer à Paris une « impéritie phénoménale », fasse tout à coup et comme par enchantement, le 6 août, « preuve d'une grande habileté » ?

Mais enfin, pour continuer ainsi qu'il avait commencé, M. Duquet aurait dû parler du dispositif ordonné à la 1re division, dispositif où l'échelonnement en profondeur est indiqué, alors que partout ailleurs nos troupes sont déployées linéairement, ce qui explique comment le général pourra, tout en repoussant avec vigueur toutes les attaques des Bavarois, envoyer à diverses reprises des secours importants sur d'autres points du champ de bataille, et comment il était encore le seul à la fin de l'action, bien qu'ayant été le premier engagé, qui disposât de troupes intactes pour protéger la retraite.

Pourquoi n'avoir pas fait ressortir l'importance de l'occupation si judicieuse de Nehwiller, au sujet de laquelle le colonel Bonnal s'exprime ainsi : « En refusant les ailes de son armée, le maréchal facilitait l'enveloppement par l'ennemi. En pareil cas, la sécurité des flancs est mieux assurée par des points d'appui refusés et débordants, comme l'a été Nehwiller à *l'aile gauche*, comme aurait pu l'être Forstheim à l'aile droite » ?

Pourquoi s'être borné à mentionner l'occupation de Nehwiller en disant sans aucun commentaire : « quelques troupes occupent les villages de Nehwiller et de Jaegerthal » ?

Pourquoi aussi passer absolument sous silence les dispositions prises par le général Ducrot pour protéger la retraite à un moment où tout n'était plus que désordre et confusion sur les autres points du champ de bataille, dispositions qu'analyse le colonel Bonnal pages 351, 352, 353, que l'on retrouve d'ailleurs chez presque tous les auteurs qui ont écrit sur Frœschwiller et au sujet desquelles le général allemand von Bogulawski[1] s'exprime ainsi : « Nous rendons volontiers hommage *à l'excellence des mesures prises par Ducrot*, tendant à couvrir le mieux possible la retraite, au moyen de quelques bataillons de la brigade du Houlbec non désagrégée ».

Nous ne pouvons croire qu'il en a trop coûté à M. Duquet de mettre le rôle du général complètement en lumière ; aussi nous admettons qu'il n'a pas compris l'importance des faits qu'il a ainsi négligés.

La lecture de son récit et de ses autres travaux donne une grande vraisemblance à cette deuxième supposition, et, s'il lui est donné de faire une étude attentive de l'œuvre du colonel Bonnal sur Frœschwiller, il se rendra rapidement compte de tout ce qui lui manquait pour pouvoir traiter avec autorité un tel sujet.

Avant de laisser là les événements qui se sont déroulés en Alsace, de la déclaration de guerre au 6 août, nous tenons à faire une remarque qui permet de toucher du doigt tout ce que la guerre présente d'imprévu, et combien des causes qui pourraient paraître secondaires au premier abord sont quelquefois de nature à modifier la marche des affaires.

Supposons un instant que, dans la répartition des commandements au début de la guerre, la situation des maréchaux Bazaine et de Mac-Mahon ait été inversée, c'est-à-dire que le premier ait reçu le commandement du 1er corps en Alsace, le second, celui du 3e en Lorraine ; ce simple changement pouvait avoir des conséquences considérables ; sans qu'il modifiât en rien, bien entendu, les aptitudes militaires des deux maréchaux, il les eût placés dans des conditions répondant mieux à leurs tendances, à leurs caractères. Mac-Mahon eût agi le 16 août comme il fit à Frœschwiller le 6 : il eût engagé toutes ses troupes, toutes ses réserves ; c'était le salut, ce que ne comprit pas le maréchal Bazaine, dominé par l'idée de ne pas s'éloigner de Metz, pour ne pas se compromettre.

Et si ce dernier eût commandé en Alsace, ne peut-on pas affir-

---

[1] *Nouvelles Etudes sur la bataille de Wœrth.*

— 54 —

mer, après ce qu'on connaît de lui dans cette campagne, qu'il eût évité de s'engager à fond pour ne pas risquer de compromettre dans une aventure sa réputation militaire ; en un mot, il n'eût pas accepté la bataille, le 6, à Frœschwiller, et, *par tempérament*, il se serait replié pour ne combattre que renforcé des 5e et 7e corps.

— Il revient d'ailleurs sur cette idée dans une lettre écrite en 1874 dans laquelle il dit que le maréchal de Mac-Mahon « par sa présomption, en acceptant la bataille en aveugle, peut être regardé comme un des premiers auteurs de nos désastres ».

Un simple changement dans les rôles des deux maréchaux pouvait donc modifier du tout au tout les débuts de la campagne.

CHALONS.

Quiconque a lu *Frœschwiller—Châlons—Sedan*, par M. Duquet, a dû remarquer que deux seulement des chefs militaires de cette première partie de la campagne, les généraux de Palikao et de Wimpffen, les deux principaux auteurs du désastre de Sedan, ont droit à son approbation.

« Seuls, dit-il, les généraux de Palikao et de Wimpffen étaient en état de manier de grandes masses. »

L'intervention aussi courte que désastreuse de ces officiers généraux dans la guerre de 1870 dément catégoriquement cette étrange assertion, puisqu'elle fait ressortir, au contraire, que le comte de Palikao, malgré les ressources multiples de son intelligence, et le général de Wimpffen, malgré sa vigueur et sa bravoure incontestables, n'avaient aucune notion des lois de la stratégie et de la tactique générale, ce qui amena le premier à acheminer la malheureuse armée de Châlons dans la direction de Metz, c'est-à-dire vers sa perte, et le second à la maintenir dans l'entonnoir de Sedan, en faisant ainsi, sans s'en douter, le jeu des Allemands.

Mais aussi bien l'opinion émise par M. Duquet ne surprend plus, quand il nous rapporte à plusieurs reprises les conversations qu'il a eues avec le général de Palikao, conversations qui ont fait une si profonde impression dans son esprit que, pour lui, tout se réduit dans l'étude des opérations de l'armée de Châlons à tenter d'établir que la conception du ministre de la guerre aurait cer-

— 55 —

tainement réussi et sauvé la situation, si elle eût été exécutée à la lettre.

Quant à l'admiration de M. Duquet pour le général de Wimpfen, elle découle tout naturellement des mêmes conversations; elle en est une conséquence directe; car cet officier général, en quittant Paris pour se rendre à l'armée, était absolument endoctriné par le ministre; il avait sa confiance; ils étaient en communauté d'idées; ils s'imaginaient tous deux qu'on pouvait aller à Metz, et cette chimère persista chez le général de Wimpfen jusqu'à lui faire prendre, le 1er septembre, la détermination de tenter une trouée dans la direction de Carignan. D'ailleurs le général de Palikao, nous dit M. Duquet, « a exprimé le regret d'avoir confié la direction de l'armée de Châlons à un homme aussi indécis que Mac-Mahon, au lieu de l'abandonner à un général entreprenant et rapide comme Wimpfen. »

On voit donc l'enchaînement des causes qui ont déterminé M. Duquet à se faire l'avocat du général de Wimpfen, parce qu'il s'était fait celui du général de Palikao et par conséquent à attaquer avec passion le général Ducrot à propos de la journée de Sedan.

On comprend aussi pourquoi nous nous sommes trouvé dans la nécessité d'examiner à nouveau la question de la marche de l'armée de Châlons vers Metz.

Cet examen a été fait longuement et avec autorité par M. A. G., ancien élève de l'École polytechnique[1], et l'on sait que ses conclusions sont diamétralement opposées à celles de M. Duquet.

Mais M. A. G. a examiné surtout la marche qu'a d'abord voulu exécuter le maréchal de Mac-Mahon par Dun et Montmédy, et ensuite celle qui a conduit son armée à Sedan; il n'y a pas à y revenir.

Ce que nous voulons discuter, c'est la soi-disant combinaison du général de Palikao qui consistait à aller directement du camp de Châlons sur Metz par Verdun[2], combinaison qui excite l'admisation de l'auteur de *Frœschwiller — Châlons — Sedan* :

---

[1] *L'armée de Châlons, son Mouvement vers Metz.* (Journal des Sciences militaires.)

[2] D'après le projet adressé par le général de Palikao au maréchal de Mac-Mahon, l'armée devait se porter du camp de Châlons sur Verdun en trois

« D'abord, dit-il, nous déclarons que si d'un côté nous approuvons sans réserves le beau mouvement projeté de Châlons sur Metz par Verdun, mouvement que le général de Palikao conseillait depuis le 16 août, d'un autre côté la nouvelle marche de Reims sur Montmédy nous semble beaucoup plus aventureuse.

« Le premier mouvement était habile, net, pratique; il devait amener des résultats foudroyants, broyer les armées allemandes de Metz et de Verdun entre les 230,000 hommes de Mac-Mahon et de Bazaine; en effet, de deux choses l'une, ou le prince de Saxe se serait trouvé seul en présence de 120,000 soldats de l'armée de Châlons et alors ses 70,000 hommes étaient culbutés; ou Frédéric-Charles abandonnait Metz pour voler à son secours et alors l'armée de Bazaine s'ébranlait à sa suite, le poussait contre Mac-Mahon, l'écrasait certainement, car on ne peut mettre en doute que les 110,000 héros de Gravelotte et de Saint-Privat, subitement renforcés de 120,000 combattants, n'auraient pas défait les 200,000 Allemands de Frédéric-Charles et du prince de Saxe.

« Aussi bien la III⁰ armée allemande, qui a si efficacement contribué au désastre de Sedan, n'aurait pu accourir à temps pour dégager le prince de Saxe de l'étreinte de Mac-Mahon. Le colonel Borbstædt nous montre les troupes du prince royal se dirigeant rapidement de l'est à l'ouest jusqu'au 25 août; mais ce jour-là, averties de la marche de Mac-Mahon, toutes ses divisions [1]

---

colonnes : la colonne de droite (1ᵉʳ et 12ᵉ corps) devait atteindre le 21 Suippes, le 22 Sainte-Menehould, le 23 Clermont-en-Argonne, le 24 Verdun; la colonne du centre (7ᵉ corps) devait le 21 être à Somme-sur-Py, le 22 à Ville-sur-Tourbe, le 23 à Sainte-Menehould, le 24 à Clermont, le 25 à Verdun; la colonne de gauche (5ᵉ corps) devait coucher le 21 à Béthéniville, le 22 à Vouziers, le 23 à Grandpré, le 24 à Varennes, et atteindre Verdun le 25.

Le Ministre estimait que l'armée française débouchant de Verdun pourrait écraser le 26 l'armée du prince de Saxe, que l'armée du prince royal de Prusse serait à cette date dans l'impossibilité de soutenir. Telle est l'économie du fameux plan Palikao. Nous allons voir qu'il n'était fondé que sur l'ignorance de la véritable situation et des capacités de marche et de manœuvre des armées allemandes.

[1] La division formait-elle donc pour M. Duquet l'unité de marche de la IIIᵉ armée? « Que l'armée soit en station ou en marche, rassemblée ou concentrée, elle doit revêtir dans son ensemble la forme d'un carré », dit le colonel Bonnal, après avoir rappelé la phrase célèbre que Napoléon écrivait à Soult en 1806 : « Vous pensez bien que ce serait une belle affaire que de se porter autour de cette place (Dresde), en un bataillon carré de 200,000 hommes. »

s'arrêtent brusquement et prennent immédiatement la direction sud-nord.

« Il est donc évident que la IIIe armée, qui se trouvait, le 25 au soir, à Chavanges, près d'Arcis-sur-Aube, à Saint-Dizier, à Heiltz-l'Évêque, près de Vitry-le-François, aux environs de Sermaize, à Chaumont et à Nottancourt, c'est-à-dire à 110 et 50 kilomètres à vol d'oiseau de Verdun, n'aurait pu venir à temps au secours du prince de Saxe; on comprendra que de là dépendait le salut de la France. »

Et plus loin, après avoir cité deux extraits, l'un de la Relation officielle allemande, l'autre de Borbstœdt, M. Duquet en tire cette conclusion des plus risquées :

« Ce passage est l'aveu formel que le prince de Saxe eût été écrasé par des forces supérieures et que le prince royal était encore trop éloigné pour venir à son secours.

« Mais, soutiendra-t-on peut-être, si le prince Frédéric-Charles[1] avait lâché sa proie pour appuyer l'armée de la Meuse, qui dit que Bazaine l'aurait suivi, qui dit qu'il ne serait pas resté prudemment à l'abri des forts de Metz? A cette question que nous posions à M. de Palikao, le général fit la réponse suivante :

« Il n'y aurait pas eu de pouvoir humain capable d'empêcher
« toute l'armée de Metz, généraux, officiers et soldats de se
« précipiter où l'artillerie aurait grondé. Du reste, je ne puis
« admettre que le maréchal Bazaine n'aurait pas lui-même
« ordonné de marcher au canon. »

« Il est donc établi d'une *façon mathématique* que le mouvement de Châlons sur Metz était non seulement possible, mais encore une inspiration de génie. »

Cette inspiration de génie était simplement, nous allons l'établir, la négation de toutes les données de la stratégie positive et elle ne pouvait aboutir, même en suivant à la lettre la marche tracée par le ministre de la guerre, qu'à nous valoir aux abords

---

Voilà la vraie formule, ajoute le colonel Bonnal. — Et plus loin : « Nous montrerons dans une étude prochaine que, grâce à la forme en carré de la IIIe armée dans sa première marche sur Paris, les corps de cette armée purent, le 26 août, se diriger sans retard vers l'Argonne, c'est-à-dire perpendiculairement au sens de leur marche primitive. »

[1] Nous verrons plus loin que les forces dont il disposait lui permettaient d'appuyer efficacement la IVe armée sans « lâcher sa proie ».

de Verdun un désastre aussi complet que celui de Sedan et cela vers le 26 ou le 27 août au lieu du 1er septembre.

Sur quoi en effet s'est-on basé, M. Duquet entre autres, pour affirmer que l'armée du maréchal de Mac-Mahon aurait eu à combattre l'armée de la Meuse seule?

Sur le fait que le grand état-major allemand n'a eu connaissance que le 25 août de la marche de l'armée de Châlons, et on en a déduit qu'à cette date la distance entre les deux armées allemandes par rapport au point où se fût trouvée l'armée française, si elle eût suivi la marche indiquée par le général de Palikao sur Verdun, était trop considérable pour qu'il leur fût possible d'assurer leur coopération.

Cette opinion formulée si légèrement n'est que la reproduction de la « remarquable thèse » soutenue par l'ancien ministre de la guerre pour légitimer sa conception extraordinaire :

« Quelque rapide qu'eût été la marche du prince royal, a-t-il écrit, il n'aurait pu arriver devant les 250,000 hommes réunis de Mac-Mahon et de Bazaine qu'après trois jours de marches forcées, puisque le 26 il était encore à Vitry-le-François où seulement il apprit la marche de l'armée de Châlons [1] ; il n'aurait donc pu paraître sur le champ de bataille que le 29 et avec une armée épuisée de fatigue ».

Mais, cependant, on n'a pas songé à se poser la question suivante qui pourtant est capitale :

En admettant que le maréchal de Mac-Mahon ait suivi sans perte de temps l'itinéraire tracé par le général de Palikao, à quelle date son mouvement aurait-il été connu du grand quartier général allemand [2] ?

Il tombe en effet sous le sens qu'un mouvement des Français vers l'Est, tendant à rapprocher leurs forces de la zone de marches des IIIe et IVe armées, devait être découvert plus rapidement par nos adversaires que ne l'a été leur marche sur Reims et Rethel, qui les en éloignait.

Le mouvement sur Reims a été connu des Allemands le 25, *celui sur Verdun l'eût été deux jours plus tôt.*

---

[1] Il y a déjà là une erreur d'un jour.
[2] Pour la discussion qui va suivre consulter : 1° La feuille n° 14 de la carte au $\frac{1}{320.000}$ (Metz); 2° Les feuilles n° 35 (Verdun), 51 (Bar-le-Duc), 36 (Metz), 52 (Commercy) de la carte de l'état-major au $\frac{1}{80.000}$.

En effet, si l'on se reporte à la situation des armées allemandes le 23 au soir, on voit que les avant-gardes de la 6e et de la 12e division de cavalerie ont poussé jusqu'à Mondrecourt, Souilly, Senoncourt, pendant que la 15e division a atteint Neuville et Bras.

A l'armée de la Meuse, le XIIe corps est à Haudiomont, à Eix, l'avant-garde de la 24e division à 7 kilomètres au sud-est de Verdun; le IVe corps est à Vadonville, son avant-garde à Triconville et à La Vallée; la garde est à Saint-Mihiel et au nord de cette ville. Le quartier général du prince de Saxe est à Fresnes-en-Woëvre.

Nous examinerons en temps et lieu la situation de la IIIe armée à cette même date.

Pour le moment rappelons que, d'après la marche indiquée par le ministre, les 1er et 12e corps français devaient camper, le 23 au soir, à Clermont-en-Argonne, le 7e à Sainte-Menehould, le 5e à Grandpré.

De Clermont à Senoncourt et à Souilly, qui furent occupés le même jour par l'avant-garde de la 12e division de cavalerie (saxonne), il y a un peu plus de 20 kilomètres.

Il faut bien admettre, si déplorables qu'aient pu être à cette époque notre mode d'emploi de la cavalerie et le fonctionnement de notre service de sûreté, que nos deux corps campés à Clermont eussent été couverts par une partie de nos escadrons, à une dizaine de kilomètres au minimum en avant et sur le flanc droit, vers Julvécourt, Ville, Rampon, Blercourt et Jouy. (Dans cette même journée du 23, en effet, la division Margueritte, à Monthois, a une avance de plus de 20 kilomètres sur l'armée; le 24, elle occupe encore Monthois à une dizaine de kilomètres sur le flanc droit et en avant du 7e corps qui tient la droite de l'armée. Il est donc logique de supposer que les procédés auraient été les mêmes dans le cas de la marche directe sur Verdun.)

Donc, le 23 au soir, les deux cavaleries adverses se fussent trouvées en présence au minimum à 10 kilomètres l'une de l'autre et plus probablement au contact.

En tout cas, il eût suffi d'une pointe d'officier, d'une patrouille de découverte, comme les avant-gardes des divisions de cavalerie allemandes en envoyaient régulièrement après leur installation, pour les amener à se rencontrer; le moindre incident dû à l'indiscrétion ou à l'attitude des habitants, le moindre indice eût d'ailleurs suffi pour donner l'éveil aux escadrons allemands.

Il est donc impossible d'admettre que la présence de forces françaises importantes à Clermont-en-Argonne n'eût pas été connue de nos adversaires dans la soirée du 23, et signalée quelques heures après au grand quartier général, qui s'était transporté dans la journée à Commercy.

Il est d'ailleurs vraisemblable que de Clermont, le 23, le maréchal de Mac-Mahon aurait tenté de se mettre en communication avec le commandant de la place de Verdun, ce qui aurait aussi contribué à établir le contact avant la fin de la journée.

Et, à ce sujet, remarquons que si le mouvement de l'armée de Châlons vers Reims a d'abord laissé M. de Moltke dans l'indécision lorsqu'il parvint à sa connaissance, parce qu'il pouvait être également interprété dans le sens de la retraite sur Paris ou dans celui d'une marche vers Metz (d'autant plus que cette seconde interprétation était bien faite, comme le dit le général Maillard, « pour dérouter un adversaire ayant des notions saines sur la guerre »)[1], par contre, la rencontre de corps français à Clermont-en-Argonne aurait eu pour lui une signification nette : « le voile aurait été déchiré » immédiatement, le 23 au soir.

Point n'est besoin d'établir alors que dans ce cas rien ne lui eût été plus facile que de réunir le 25, jour où d'après le plan du général de Palikao le maréchal de Mac-Mahon devait grouper son armée à Verdun, des forces suffisantes à l'est de cette place pour en commander les débouchés et arrêter net la marche des Français sur Metz, pendant que la III° armée, se portant au nord, eût placé le maréchal dans une situation analogue à celle qui l'attendait à Sedan.

Mais nous voulons admettre que la fortune, qui ne nous a guère favorisés dans cette néfaste guerre où il était dit que nous laisserions échapper toutes les chances favorables, aurait rendu nos adversaires aveugles et sourds dans cette soirée du 23, et que

---

[1] Que penser alors des notions que possède sur la guerre un écrivain qui, outre la question de doctrine et de principes, persiste, longtemps après les événements, alors qu'on a pu réunir tous les éléments d'appréciation, à prétendre qu'un tel mouvement était une inspiration de génie et pouvait sauver la France!

nos deux corps campés à Clermont-en-Argonne, comme la cavalerie établie en avant d'eux, auraient échappé aux investigations des 6e et 12e divisions de cavalerie allemande.

Certes, c'est là une bien grosse concession que nous faisons aux admirateurs irréfléchis du plan Palikao.

Mais il leur faudra bien concéder que le 24, de très bonne heure, le contact eût été pris sur la route de Verdun—Clermont par la cavalerie française avec les 5e et 12e divisions de cavalerie et au sud de cette route avec la 6e.

Et c'était encore bien assez tôt pour que l'armée de Châlons fût vouée à un désastre, à moins de rétrograder sans perdre un instant dans la direction de Rethel.

En effet, cette armée devait, d'après les indications du ministre, avoir, le 24 au soir, les 1er et 12e corps à Verdun, le 7e à Clermont-en-Argonne à une petite marche en arrière, le 5e à Varennes à une marche de distance.

La cavalerie, qui eût précédé les 1er et 12e corps dans leur marche de Clermont sur Verdun, se fût heurtée, au plus tard entre 8 et 9 heures du matin, à l'ouest de Nixéville, aux avant-postes que la 12e division de cavalerie a établis ce jour-là, dans la matinée, dans la direction de Clermont, pendant que la 5e établissait les siens dans celle de Varennes pour couvrir l'investissement de Verdun par la cavalerie sur la rive gauche, la place devant être, vers 10 heures, l'objet d'un coup de main tenté par le XIIe corps sur la rive droite; le gros de la 12e division était à Nixéville, celui de la 5e à Esnes. (*Relation officielle allemande*, page 920, 1re partie, 7e livraison.)

Dès lors que se fût-il passé ?

Les deux divisions de cavalerie allemandes, on n'est que trop en droit de le supposer d'après ce qui s'est passé dans toute cette campagne, ne trouvant devant elles qu'une division de cavalerie française, auraient vite acquis la certitude qu'une longue colonne d'infanterie et d'artillerie suivait notre cavalerie.

Ce point reconnu, on doit admettre que, vers 10 heures, le commandant en chef de l'armée de la Meuse eût été mis au courant et que dans l'après-midi les renseignements seraient arrivés au grand quartier général.

Avant de recevoir des instructions, le commandant de la IVe armée, s'inspirant de la situation, eût compris la nécessité d'interdire au maréchal de Mac-Mahon la direction de Metz et de se concentrer pour agir.

Cette concentration était-elle possible? en d'autres termes, quelles forces allemandes le maréchal, en admettant, comme c'est fort peu vraisemblable, qu'il ait alors persisté dans sa marche vers l'est, eût-il trouvées devant lui sur la rive droite de la Meuse, ou plutôt par quelles forces allemandes eût-il été attaqué après son passage de la rivière, car nous pensons que les Allemands fidèles à leurs principes auraient certainement pris l'offensive?

Mesurons d'abord les moyens d'action du maréchal et établissons à quelle date il eût pu les mettre en œuvre.

Nous admettrons que rien n'aurait retardé la marche de ses colonnes, que la rencontre de l'ennemi n'aurait provoqué ni arrêt ni indécision; c'est encore là une très grande concession.

Le 24, vers 6 heures du soir, nos 1er et 12e corps campent sous les murs de Verdun; le 7e, à Clermont; le 5e, à Varennes; le maréchal, bien décidé à continuer quand même son mouvement vers Metz, a fait passer ses avant-gardes sur la rive droite de la Meuse et les a poussées sur la côte Saint-Michel et le bois de l'Hôpital au nord, sur les hauteurs de Belrupt au sud; nous voulons admettre qu'elles ont fait replier les avant-postes allemands.

Dans la matinée du 25, il fait passer la Meuse aux 1er et 12e corps qui campent à l'est de la ville, couverts par leurs avant-gardes.

Néanmoins, il ne peut encore songer à aller de l'avant; il ne sait au juste ce qu'il a devant lui, et il lui faut bien attendre les 5e et 7e corps.

Or, le 7e, venant de Clermont, n'arrivera que dans l'après-midi et ne sera groupé sur la rive droite que dans la soirée; le 5e, venant de Varennes, a une marche plus longue à faire; qu'il exécute son passage à Verdun même ou au nord de la place, il ne sera réuni au reste de l'armée que fort tard, et le maréchal ne pourra reprendre son mouvement pour attaquer, avec un peu plus de 100,000 hommes et 400 bouches à feu, l'adversaire qui lui barre la route de Metz, que le 26 au matin.

Quel sera cet adversaire?

Cinq corps d'armée allemands : soit 125,000 hommes et

500 canons. La base de cette concentration eût été le XII° corps, qui aurait pris, dans la soirée du 24, une position de rassemblement en arrière de la lisière ouest du bois de Fresnes et de Ville-en-Voëvre, faisant observer par ses divisions de cavalerie, appuyées par des groupes d'infanterie, les débouchés de Verdun et le cours de la Meuse en amont et en aval de cette place.

D'autre part, si l'on se rappelle que, le 26 août, le général de Moltke avait donné l'ordre, expédié à midi au prince Frédéric-Charles, d'acheminer deux corps de l'investissement de Metz vers Damvillers et Mangiennes, afin d'être en mesure, le cas échéant, d'appuyer la IV° armée si elle avait à combattre isolément, et que, le 27, le III° corps était à Étain et le II° à Briey, il faut bien admettre que le même ordre aurait été télégraphié à Metz[1], dans l'hypothèse qui nous occupe, dans l'après-midi du 24, et que ces deux mêmes corps, mis en route dans la soirée, vu l'urgence, auraient été rendus, dans la journée du 25, l'un à Haudecourt, à l'ouest d'Étain, l'autre à Braquies (ils auraient utilisé les deux routes qu'avait dû prendre l'armée de Metz pour gagner Verdun).

Nous admettrons que les ordres envoyés par le prince de Saxe ne seraient parvenus au IV° corps et à la garde qu'après leur arrivée dans leurs cantonnements, qui furent pris le 24 par la garde à Pierrefitte et à Chaumont-sur-Aire, par le IV° corps à Rosnes, bien qu'il soit vraisemblable que ces deux corps auraient pu les recevoir avant d'avoir achevé leur marche.

Ces ordres[2] eussent évidemment contenu à peu près les prescriptions suivantes :

1° A la garde, de se porter, par une marche de nuit[3], de Pierrefitte et de Chaumont-sur-Aire, par Heippes, Récourt-le-Creux,

---

[1] La dépêche eût pu être expédiée de Commercy qui à cette date était relié télégraphiquement avec le quartier général de la II° armée.

[2] L'ordre qui fut donné le 26 à midi au IV° corps, à la garde et au corps bavarois pour les diriger vers le Nord prescrivait que toutes ces troupes rompraient aussitôt après avoir mangé, emporteraient avec elles trois jours de vivres et laisseraient provisoirement en arrière tous les trains qui n'étaient pas indispensables.

[3] A la rigueur une marche de nuit n'était pas indispensable, pas plus que pour les deux corps venant de Metz, le maréchal ne pouvant attaquer que le 26, puisque les 7° et 5° corps ne lui arrivaient que le 25 au soir ; mais nous pensons que le prince de Saxe et le grand état-major, qui ne pouvaient connaître exactement la répartition de nos forces, auraient voulu être en mesure le plus tôt possible.

et Villers-sur-Meuse, où elle eût franchi la rivière, à Génicourt-sur-Meuse, et de là sur Sommedieue ;

2° Au IVe corps, de se porter par Pierrefitte (dégagé en temps voulu par la division de la garde qui y était cantonnée), Courouvre, Thillombois et Woimbey, à Tilly-sur-Meuse [1], point de franchissement du fleuve, et de là, par Ambly-sur-Meuse et Rupt-en-Voëvre, sur Bouzée et Manheulles.

Ces mouvements auraient été couverts par la 12e division de cavalerie qui eût surveillé la ligne Saint-André—Souilly—Senoncourt—Dieue-sur-Meuse, et, après le passage du fleuve, eût continué son service de sûreté, en couronnant les hauteurs d'Houdainville.

Quant à la possibilité de ces mouvements, elle est indiscutable.

En admettant que la marche ait commencé à 11 heures du soir pour le IVe corps, à minuit pour la garde, afin de laisser à la troupe le plus de repos possible, la tête de colonne de la garde eût atteint Génicourt vers 8 heures au plus tard. Le corps en entier eût été cantonné vers midi à Dieue et Sommedieue, à 5 kilomètres de la route de Verdun à Metz par Mars-la-Tour.

Le IVe corps eût été à la même heure à Rupt-en-Voëvre, disposant de deux routes pour se porter sur Haudiomont.

Ces marches n'avaient rien que de normal et ne sauraient être comparées à celles qui ont été exigées des troupes allemandes dans cette campagne, notamment du IXe corps en décembre 1870 [2].

Ainsi, dans l'après-midi du 25, la coopération du IVe corps et

---

[1] Le canal latéral à la Meuse n'existait pas en 1870 ; les ponts de Villers et de Tilly-sur-Meuse, construits avant la guerre, ont 5 mètres de large entre les chasse-roues ; deux voitures peuvent y passer de front.

[2] « Les efforts répétés et soutenus qui caractérisent les marches accélérées n'atteignent pas encore la limite de ceux qu'il est possible de demander à l'homme et que la guerre exige. La division Masséna livra combat le 13 janvier 1797 à Vérone, marcha la nuit du 13 au 14, arriva à Rivoli le 14, à 9 heures du matin, combattit toute la journée, se mit en route le même soir dans la direction de Mantoue, continua sa marche le lendemain 15 et le 16 prit part au combat de La Favorite. En cinq jours elle livra trois combats, marcha un jour et deux nuits et parcourut 86 kilomètres. C'est la marche forcée sans autres considérations que celle d'arriver : tel est son but ; son moyen : emploi des forces de l'homme jusqu'à la dernière limite ; elle répond à l'imprévu ; il s'agit, par exemple, de surprendre l'ennemi et de lui opposer brusquement et inopinément des forces dont il ne peut soupçonner la présence.

de la garde était assurée au prince de Saxe, disposant en outre des XIIe, IIIe et IIe corps et de deux divisions de cavalerie (on verra plus loin le rôle assigné à la 6e division de cavalerie). Il était donc en mesure de prendre l'offensive dans la matinée du 26 contre le maréchal de Mac-Mahon qui, à son débouché de Verdun, se fût trouvé attaqué par des forces supérieures.

Il va sans dire qu'en transmettant au grand quartier général la nouvelle de la rencontre des Français dans la matinée du 24, le prince de Saxe eût en même temps rendu compte des mesures prises par lui pour assurer sa concentration.

Examinons maintenant ce qui fût advenu à la IIIe armée.

En premier lieu, ses mouvements vers le nord pouvaient être couverts provisoirement[1] par la division de cavalerie de la garde

---

« Le IXe corps allemand que nous avons déjà cité pour sa marche accélérée a fait une marche forcée qui mérite d'être signalée : le 15 décembre 1870, le IXe corps était cantonné à Blois sur la rive gauche de la Loire ; il reçut dans la nuit du 15 au 16 l'ordre de se porter sur Vendôme, à la suite du Xe corps et se mit en route dans la matinée du 16.

« Mais dans la journée la présence des troupes françaises au sud d'Orléans décida le prince Frédéric-Charles à diriger sur cette ville le IXe corps déjà engagé sur la route de Vendôme.

« Le corps d'armée se massa à La Chapelle-Vendômoise ; vers 3 heures du soir les troupes rebroussèrent chemin et se portèrent sur Orléans en une seule colonne (d'après un auteur allemand), en deux colonnes (d'après le général russe Zeddler).

« Le corps d'armée marcha toute la journée du 16, séjourna pendant deux ou trois heures aux environs de La Chapelle, marcha toute la nuit du 16 au 17 et la journée du 17 jusque dans l'après-midi vers 3 heures. Le nombre des traînards fut d'environ 5 p. 100 ; un des bataillons qui firent cette marche put se vanter de n'en avoir pas eu un seul (13 chevaux sur 4,000 tombèrent).

« En fait, le corps d'armée réduit à l'effectif d'une division comme personnel, mais avec son artillerie de corps, fit de 78 à 82 kilomètres en 33 et 36 heures, sur des routes encombrées, en partie chargées à nouveau ou défoncées et couvertes d'une boue épaisse, et, c'est là le point important, son commandant télégraphia au général en chef : « Le corps d'armée est prêt à reprendre demain les opérations. » (Général MAILLARD, les *Éléments de la guerre*.)

Les marches que nous venons d'indiquer n'exigeaient rien de semblable du IVe corps et de la garde, pas plus que celle que nous indiquerons plus loin pour la IIIe armée ; en outre la saison était bien plus favorable et la viabilité des routes et chemins se trouvait dans des conditions bien plus avantageuses.

[1] Les divisions de cavalerie de la IIIe armée étaient alors trop éloignées pour couvrir une marche brusque vers le Nord ; mais l'échelonnement des IIIe et IVe armées permettait à une partie de la cavalerie de cette dernière de les suppléer dans ce rôle.

Y. K.

et par la 6ᵉ division de cavalerie, qui ayant atteint le 24 la première Vaubécourt et Clermontois, la 2ᵉ, Foucaucourt et Triaucourt, se seraient portées le 25 sur Dombasle et Nixéville pour achever d'éclairer la situation ; renforcées par la brigade de uhlans bavarois cantonnée le 24 au nord de Revigny, elles auraient certainement inquiété et retardé par une canonnade à distance la marche du 7ᵉ corps (Douay), allant de Clermont-en-Argonne sur Verdun.

Le grand état-major, après avoir télégraphié au prince Frédéric-Charles l'ordre de mise en mouvement de deux corps de l'investissement de Metz, eût mis en marche, le 24 au soir, les corps de la IIIᵉ armée vers le Nord dans les conditions suivantes :

« La tête du Iᵉʳ corps bavarois cantonnée à Tronville, au nord-ouest de Ligny, pouvait atteindre, le 25 au matin, Pierrefitte vers 9 heures, en admettant son départ le 24 au soir, vers 10 heures (de Tronville à Pierrefitte, il y a environ 27 kilomètres par Culey, Erize-Saint-Dizier, Erize-la-Brûlée et Belrain). »

La tête du IIᵉ bavarois, cantonnée à Bar-le-Duc, eût atteint en même temps Chaumont-sur-Aire (il y a 21 kilomètres), après avoir rompu entre 11 heures et minuit.

La division wurtembergeoise, cantonnée à Saudrupt, eût suivi le IIᵉ bavarois.

La tête du Vᵉ corps prussien, cantonnée à Robert-Espagne, eût atteint Vaubécourt à la même heure en rompant à 10 heures du soir (de Robert-Espagne à Vaubécourt, il y a 27 kilomètres par Mussey, Bussy, Chardogne, Loupy-le-Petit et l'Isle-en-Barrois).

Ces trois corps, qui étaient corps de droite dans la marche de la IIIᵉ armée vers l'Ouest, se fussent trouvés corps de 1ʳᵉ ligne dans sa nouvelle marche vers le Nord [1].

---

[1] Cette facilité de changer de direction était une des conséquences de l'ordre général de marche en carré de la IIIᵉ armée. Le général de Palikao croyait évidemment que, d'après les principes reçus en France et alors préconisés dans notre règlement sur le service en campagne, cette armée utilisait toutes les routes du front de marche, tous ses corps en ligne et non en partie en profondeur ; pour lui tout changement de direction devait se faire par le front, par conversion ; c'est là une des raisons pour lesquelles il croyait au maréchal de Mac-Mahon une avance de 48 heures sur le prince royal ; car si ce dernier avait marché avec tout ses corps en ligne il lui eût fallu en effet beaucoup plus de temps pour se retourner vers le Nord. En France à cette époque on ignorait entièrement ces procédés de marche qui étaient pourtant ceux des armées de

Pendant qu'ils auraient exécuté les mouvements que nous avons indiqués, la 4ᵉ division de cavalerie se serait portée de Vitry sur Possesse et Rémicourt, où elle eût été rendue entre 8 et 9 heures du matin. Les trois corps de 1ʳᵉ ligne pouvaient faire une halte générale, en échelonnement de marche, de 9 heures du matin à 2 heures de l'après-midi. A 2 heures, reprise de la marche, de manière que le Vᵉ corps prussien eût, le 25 au soir, ses cantonnements échelonnés de Fleury jusqu'à Vaubécourt par Nubécourt, Evres et Pretz-en-Argonne, l'avant-garde à Ippécourt ; le IIᵉ bavarois, d'Heippes à Chaumont-sur-Aire par Mondrecourt et Issoncourt, l'avant-garde à Souilly.

Le 1ᵉʳ bavarois, de Récourt-le-Creux à Gourouvre par Benoitevaux, bivouaqué en partie faute de localités (il eût pu toutefois utiliser Rambluzin pour y cantonner des fractions du centre de la colonne), son avant-garde à Villers-sur-Meuse.

La 4ᵉ division de cavalerie eût gagné Autrécourt.

A 7 heures du soir, toutes les troupes pouvaient être au repos, cantonnées ou bivouaquées en profondeur, de façon à faciliter la reprise de la marche le lendemain [1].

Dès le 25 au soir, le 1ᵉʳ bavarois entrait en relation avec la IVᵉ armée.

Le front de la IIIᵉ était couvert, comme on l'a vu, par la division de cavalerie de la garde, la 6ᵉ division de cavalerie et la brigade de uhlans qui, dans cette journée, eussent pris le contact avec le flanc droit du 7ᵉ corps et ralenti sa marche. Le 26, le

---

Napoléon, et c'est au colonel Bonnal que revient l'honneur de les avoir remis en lumière, il n'y a pas longtemps.

Cette méconnaissance de l'enseignement napoléonien s'explique par ce fait que nous ne connaissions les guerres de l'empire que par les ouvrages de M. Thiers, tandis que les Allemands avaient eu Clausewitz, alors presqu'inconnu en France, qui avait « formulé sa doctrine ».

[1] Relativement à ce mode d'échelonnement, de stationnement et de marches, consulter le chapitre III des *Eléments de la guerre*, par le général Maillard, dans lequel il expose les résultats des travaux du colonel Bonnal, qui, dit-il, a mis en pleine lumière le rapport qui existe entre la profondeur des cantonnements de départ et la longueur de la marche.

En 1870, nos commandants d'armée se croyaient obligés de grouper tous leurs corps après l'étape parcourue, et il leur fallait le lendemain dérouler toutes leurs colonnes avant que la gauche de chacune d'elles pût s'ébranler. Une telle coutume suffirait à elle seule à expliquer pourquoi l'armée française de cette époque n'avait aucune capacité de marche.

V⁰ corps, rompant à 5 heures du matin et passant par Vadelincourt, puis à l'est de Nixéville, pouvait gagner, vers 11 heures 1/2 ou midi, les hauteurs de La Chaume à l'ouest de Verdun (après une marche de 22 kilomètres environ).

Le II⁰ bavarois, suivi de la division wurtembergeoise, pouvait atteindre de même vers 11 heures, les hauteurs du bois de la Ville et du Regret, en passant par Lemmes et Lempire (19 kilomètres).

Le I⁰ʳ bavarois eût atteint, vers 8 heures, Dieue-sur-Meuse et Ancemont d'où il eût été à même, suivant les circonstances, d'appuyer la IV⁰ armée sur la rive droite, ou de se porter en 2⁰ ligne derrière le II⁰ bavarois et le V⁰ corps prussien.

Donc, à midi, la ligne de retraite du maréchal eût été coupée par deux corps d'armée (trois si le I⁰ʳ bavarois fût resté sur la rive gauche) sans compter la division wurtembergeoise, pendant que la cavalerie de la garde, la 6⁰ division de cavalerie, la brigade de uhlans renforcées de la 4⁰ division de cavalerie se fussent échelonnées en arrière de la gauche pour surveiller la vallée de la Meuse vers le nord et établir, à Bras, la liaison avec la IV⁰ armée.

Le maréchal, attaqué pendant ce temps sur la rive droite par les cinq corps du prince de Saxe, renforcés au besoin du I⁰ʳ bavarois, eût été refoulé sur la place de Verdun qui ne lui aurait pas offert plus de ressources que celle de Sedan le 1⁰ʳ septembre.

Comme à Sedan le champ de bataille eût été labouré en tous sens par le feu concentrique des batteries allemandes.

C'eût été le même désastre.

Les mouvements que nous avons exposés sont à peu de chose près les mouvements préliminaires de Sedan; on est donc en droit d'affirmer que, dans une circonstance analogue, le grand état-major prussien les aurait ordonnés.

L'analogie va plus loin :

De même qu'à Sedan l'armée n'avait de salut qu'à la condition de se retirer dans la direction de Mézières le 31 août au soir, ou le 1⁰ʳ septembre au matin, comme le voulait le général Ducrot, de même à Verdun, elle n'aurait pu se sauver qu'en reprenant sans hésiter, le 25 au soir ou le 26 au matin, la direction de Varennes.

Venons maintenant au corps de gauche de la III⁰ armée devenu corps de 2e ligne après le changement de direction vers le Nord. La coopération du XIe corps, qui avait atteint Saint-Dizier le 24 au soir, était assurée dans la soirée du 26, ainsi que celle de la 2e division de cavalerie, qui a cantonné le 24 à Vassy.

Toutefois, en imposant au XIe corps des marches analogues à celles qui furent exigées du IXe autour d'Orléans, on eût pu l'avoir vers le milieu de la journée sur le champ de bataille, et il est à supposer que l'état-major allemand eût assuré son arrivée en temps opportun.

Seul, le VIe corps, arrivé à Joinville le 24, n'aurait pu intervenir que dans la journée du 27, c'est-à-dire la lutte terminée. Somme toute, les forces des deux côtés eussent été les mêmes qu'à Sedan, en raison des deux corps allemands venus de Metz; si l'on admet l'intervention du XIe corps, nos adversaires auraient même disposé d'un corps d'armée de plus.

De notre côté, le 5e corps n'eût pas été, il est vrai, dans le désarroi où le plongea le combat de Beaumont; mais le 7e, entravé dans sa marche du 25 par la cavalerie allemande, canonné à distance, eût été dans un singulier désordre.

Répétons que les marches fournies par les corps allemands n'eussent rien présenté d'exagéré.

Prenons, par exemple, le Ve corps prussien; il aurait parcouru du 24, à 10 heures du soir, au 26 à midi, c'est-à-dire en 50 heures, 58 kilomètres, mettons 60, tandis que l'on sait que le IXe corps en fit de 78 à 82 en 33 et 36 heures et dans des conditions bien plus défavorables.

Il ne faut pas non plus faire une objection de la marche de nuit : « Il est inutile, dit le général Maillard, de s'élever contre les marches de nuit; elles s'imposent comme une nécessité de la guerre, comme le bivouac, comme les projectiles ennemis ».

Et le règlement allemand, ajoute le général, donne la note juste : « Art. 322. Des considérations stratégiques, l'obligation de précipiter la marche peuvent rendre nécessaires des marches de nuit. »

Nous ajouterons qu'elles sont un des facteurs les plus puissants de la stratégie, parce qu'elles procurent le moyen de créer à l'adversaire une situation imprévue et de déjouer ses combinaisons.

En réalité, les Allemands n'eussent fait en tout ceci que profiter, conformément encore aux enseignements de Napoléon, de leur position centrale par rapport aux armées de Bazaine et de Mac-Mahon.

Que se serait-il passé devant Metz?

M. Duquet a vu avec son imagination : « Le prince Frédéric-Charles abandonnant Metz pour voler au secours du prince de Saxe et l'armée de Bazaine s'ébranlant à sa suite, le poussant contre Mac-Mahon, l'écrasant certainement, etc. »

Et d'abord l'ordre qui enjoignit, le 26, au prince Frédéric-Charles de détacher deux corps d'armée vers la Meuse l'autorisait « si les circonstances l'exigeaient, à abandonner temporairement le blocus sur la rive droite de la Moselle », et disait « qu'une tentative des Français pour s'ouvrir un passage vers l'ouest devait être arrêtée à tout prix [1]. »

Il est de toute évidence que l'ordre similaire, qui eût été donné le 24, eût plus que jamais contenu les mêmes prescriptions.

Mais cet abandon du blocus sur la rive gauche de la Moselle eût-il été nécessaire?

L'issue de la bataille de Noisseville, le 31 août et le 1er septembre, permet de répondre non quand on réfléchit aux forces qu'il a suffi aux Allemands de mettre en ligne pour arrêter la marche de notre armée.

Au pis aller, le prince Frédéric-Charles eût pu réunir, sur les hauteurs de la rive gauche que le maréchal Bazaine avait sacrifiées pour ainsi dire de gaieté de cœur le 18 août, les Ier, VIIe, VIIIe, IXe et Xe corps, soit cinq corps d'armée, plus la 3e division de réserve (lieutenant-général de Kummer) qui comptait à elle seule 18 bataillons, 16 escadrons, 18 bouches à feu.

C'était plus qu'il n'en fallait pour arrêter l'armée du maréchal Bazaine, dans les conditions respectives de terrain et de moral où se trouvaient les deux adversaires.

C'était là ce pouvoir humain, parfaitement capable, n'en déplaise au général de Montauban et à M. Duquet, d'empêcher l'armée de Metz d'atteindre le champ de bataille de la Voëvre où se serait consommée la perte de l'armée de Châlons.

---

[1] *Relation de l'état-major allemand*, 7e livraison, page 946.

Mais, dira-t-on, le maréchal Bazaine aurait pu profiter peut-être de cette concentration de toutes les forces allemandes sur la rive gauche de la Moselle pour rompre le combat quand il aurait constaté l'impossibilité de percer, repasser sur la rive droite et quitter Metz en prenant la direction du sud-est vers Château-Salins.

Sans parler des difficultés d'exécution d'une telle opération, on est en droit de penser que les talents militaires du maréchal Bazaine ne lui permettaient pas de l'organiser et de la mener à bien, et que ses tendances ne l'auraient pas poussé à l'entreprendre ; il faut bien admettre aussi que l'armée française aurait été suivie par les corps allemands ; il y aurait eu lutte de vitesse et la comparaison des capacités de marche de notre armée, en 1870, avec celles de l'armée allemande permet de penser que le maréchal Bazaine, atteint vers Dieuze ou Château-Salins par des forces supérieures sans ligne d'opérations, eût éprouvé à son tour un désastre.

Mais répétons qu'après un engagement infructueux et poussé à fond à l'ouest de Metz, une telle opération était irréalisable, et, en admettant même que par impossible elle ait pu réussir, on serait encore bien loin de la fameuse jonction imaginée par le général de Palikao et réalisée après l'écrasement des IIe, IIIe et IVe armées allemandes.

Nul n'a résumé avec plus d'autorité que le général Maillard[1] tous les vices inhérents à la conception de la marche de l'armée de Châlons sur Metz :

« Pour mieux voir les objets, on les grossit, dit-il ; pour faire comprendre les observations qui précèdent (théorie de l'avant-garde dans la marche de flanc ou flanc-gardes), nous allons les appliquer à un exemple, celui de la marche de l'armée de Châlons sur Metz. *Nous acceptons momentanément* la conception de l'opération ; pour en assurer le succès, il fallait, d'après ce qui précède :

« 1° Avoir une connaissance parfaite de la situation.

« Nous sommes en mesure d'affirmer par certain document entre nos mains qu'on n'avait qu'une connaissance superficielle de la situation.

---

[1] Les *Éléments de la guerre*.

« On savait certes que les armées allemandes s'avançaient de Nancy vers l'Ouest ; mais on ignorait leur force, leurs procédés de marche, leurs capacités de manœuvre ; on ne s'imaginait pas surtout qu'elles sauraient se retourner aussi lestement qu'elles l'ont fait et atteindre l'armée de Châlons ;

« 2° *Immobiliser l'ennemi ;* les armées allemandes sont intervenues pour empêcher la marche de l'armée de Châlons *parce qu'elles étaient libres,* il en eût été autrement si, au lieu d'envoyer vers le Nord la totalité de l'armée française, on en avait dirigé une fraction en avant-garde sur ces armées pour prendre le contact ; l'effectif ne le permettait pas[1], il est vrai, mais on n'y a pas songé ; on a donc fait le vide devant l'armée allemande en lui laissant toute sa liberté d'action.

« On manœuvre autour d'une forteresse ; on ne manœuvre pas autour d'une armée mobile, il faut la fixer par la force ou par la ruse, l'immobiliser ou la tromper ;

« 3° *Garder le secret ;* on ne l'a pas gardé, comment se fait-il qu'un journal de Paris, *Le Temps,* ait eu connaissance du mouvement ? Cela montre en tout cas que les journaux doivent se taire ; la stratégie repose sur le secret, toute indiscrétion à ce sujet est un crime de lèse-patrie.

« Cela dit pour l'avenir, pouvait-on espérer que le mouvement échapperait aux Allemands pendant 6 ou 8 jours[2] ?

« 4° *Avoir l'espace nécessaire ;* nécessaire non seulement pour passer, mais aussi pour *manœuvrer* dans le cas où l'armée allemande s'opposerait au mouvement ; or l'espace manquait, la

---

[1] Nous pensons que le 13e corps qui a été dirigé par le général de Palikao sur Reims le 25 aurait pu jouer ce rôle ; renforcé des deux divisions de cavalerie en formation à Paris et par des bataillons de garde mobile expédiés au camp de Châlons, il eût pris le contact dans la vallée de la Marne avec les avant-gardes allemandes et les eût attirées à sa suite pendant quelques jours en défendant le terrain sur des points favorables. Si imparfaite que fût son organisation il pouvait à la rigueur remplir cette mission de nature à donner le change au prince royal et à lui faire croire à une retraite générale sur Paris de toute l'armée de Châlons.

[2] Le général Maillard examine ici la marche de Reims par Dun et Montmédy à laquelle le maréchal de Mac-Mahon se décida à Courcelles et que M. Duquet déclare regarder comme admissible, à la condition de déployer une grande activité. Dun était indiqué au maréchal par le Ministre comme point de passage de la Meuse.

route Vouziers—Dun est en moyenne à 35 kilomètres de la frontière belge (une journée de marche!).

« Les circonstances étaient pressantes, nous le reconnaissons, et cependant nous croyons pouvoir dire que le mouvement a été entrepris trop tôt [1]; on aurait dû y mettre un peu d'art; laisser l'armée allemande, l'armée des princes, comme on l'a appelée, se rapprocher de Châlons, par conséquent s'éloigner de Metz, lui opposer un rideau et filer ensuite rapidement vers le Nord-Est : « Avant de faire un mouvement, dit Napoléon, il faut y voir clair, j'attends toujours qu'une affaire soit mûre pour manœuvrer »; on a fait le mouvement sans y voir clair, l'affaire n'était pas mûre et n'a pas été mûrie, aucune garantie n'a été prise contre l'activité de l'ennemi. Manœuvrer dans ces conditions n'est-ce pas jeter les armées dans le vide; ici, dans le gouffre; la rapidité des marches, ce dont l'armée française de 1870 était incapable [2], n'eût

---

[1] Rappelons les termes de M. Duquet : « *Le beau mouvement que conseillait le général de Palikao depuis le 16*; » or, à cette date la IIIe armée ne faisait qu'atteindre les abords de la Meurthe et se trouvait par conséquent à deux marches de Metz! On ignorait ce qu'elle allait faire; quel seus pouvait donc avoir un tel mouvement à cette date, à laquelle d'ailleurs l'armée de Châlons n'était pas reformée, les 5e et 7e corps n'étant pas encore arrivés.

[2] M. Duquet, pages 239 et suivantes, se basant sur l'avis du général de Wimpfen, essaie de démontrer la possibilité qu'aurait eu suivant lui le maréchal de Mac-Mahon de « tourner l'armée du roi » en franchissant la Meuse à Dun, et, après avoir fait sauter les ponts, d'écraser l'armée du prince de Saxe pour faire ensuite la fameuse jonction après avoir contraint Frédéric-Charles à lever le siège de Metz; il croit qu'on tourne une armée libre de ses mouvements comme une forteresse et il persiste à ne pas tenir compte de l'appui que deux corps de l'armée de blocus pouvaient donner à la IVe armée sans affaiblir outre mesure la IIe. Il écrit ensuite : « Devant les difficultés que présente la marche de plusieurs corps, si l'on ne voulait faire en moyenne que des étapes de 20 kilomètres on dépassait encore facilement les points signalés sur la Meuse le 27 ou le 28 au plus tard. » S'exprimer ainsi c'est prouver qu'on n'a aucune notion des possibilités de marche d'une armée et qu'on en est encore aux fausses doctrines qui paralysaient tous nos mouvements il y a 25 ans. Si l'on consulte le tableau dressé par le colonel Bonnal, des marches de guerre exécutées du 7 au 14 octobre 1806, par le 3e corps de la Grande Armée (Davout) qui n'utilisait pourtant pas une route à lui seul, mais bien une route exploitée par un autre corps, on voit qu'il est parfaitement possible d'exécuter en marchant par masses et avec plusieurs corps des étapes de 40, de 44 et de 52 kilomètres. (Voir à ce sujet dans les *Eléments de la guerre* le chapitre intitulé : « Moyen d'augmenter la longueur des étapes ».)

De tels procédés étaient totalement inconnus dans notre armée de 1870, et pourtant ils permettent *seuls* à une armée de plusieurs corps d'exécuter de longues marches. Si « entreprenant et rapide » de la personne qu'ait pu être

pas fait échapper à un désastre; au lieu de Sedan, l'histoire aurait inscrit Damvillers—Mangiennes ou Montmédy.

« Les colonnes marchant sans service de sûreté ont été surprises et attaquées par la cavalerie allemande et par le XIIe corps, de telle sorte qu'on voit cette malheureuse armée de Châlons lancée dans un couloir sur le flanc d'une armée libre de mouvements, dans l'impossibilité de réussir son opération par suite de la liberté laissée à l'ennemi et dans la situation forcée de livrer bataille sans zone de manœuvre suffisamment profonde. On a osé s'en prendre à l'exécution; certes elle est loin d'être irréprochable, mais depuis quand est-il permis de compter sur l'exécution pour le succès d'une conception fausse? Rien ne réussit à la guerre que par le calcul et, par cette expression, il ne faut pas entendre les x et les y, mais la méditation, une forte combinaison, selon le mode de Napoléon. Où est la combinaison? L'opération de l'armée de Châlons, au *triple point de vue de la conception, de la préparation et de l'exécution, dénote non pas l'enfance, mais la négation de l'art.* »

Ainsi, en résumé, nous concluons de notre exposé des conséquences de la marche sur Verdun, et de celui du colonel Maillard, relativement à la marche par Montmédy :

1° La marche par Verdun, indiquée par le Ministre, aurait amené la perte de l'armée de Châlons à Verdun même, le 26 août;

2° La marche par Dun et Montmédy aurait produit le même désastre vers Damvillers.

La catastrophe qu'a rencontrée le maréchal en s'élevant plus au nord vers Sedan a donc eu sa cause première dans les faux mouvements imposés par le Ministre, contrairement à toutes les règles et à tous les enseignements de la guerre.

Enfin il est un point qu'il ne faut pas oublier : l'état inorganique de l'armée de Châlons, formée du 1er corps dont le moral était grandement atteint depuis Wissembourg et Frœschwiller; du

---

le général de Wimpfen, il n'eut pas dépendu de lui, avec les méthodes auxquelles on était rivé, d'imprimer aux mouvements de l'armée de Châlons une vitesse qu'elle n'eût pu atteindre que par une révolution totale dans notre tactique de marche.

5ᵉ, en retraite dans des conditions déplorables depuis le début de la campagne et tout aussi démoralisé que le 1ᵉʳ; du 7ᵉ, dont une division (Conseil-Dumesnil) n'avait pas encore réparé les pertes subies le 6 août, et qui, lui aussi, depuis le commencement des hostilités, avait reculé de Mulhouse sur Belfort, de Belfort avait été transporté par chemin de fer sur Paris, d'où enfin il avait été ramené à Châlons également par voie ferrée, et dont la confiance était très ébranlée; enfin du 12ᵉ corps qui renfermait des régiments de marche récemment organisés et des régiments d'infanterie de marine peu aptes aux marches, et qui laissèrent des quantités de traînards. Une telle armée avait besoin de se refaire, de reprendre son équilibre ; la lancer dès le 21 août dans une opération qui, même bien préparée et bien combinée, et ce n'était pas le cas, eût exigé des troupes solides et manœuvrières, c'était plus qu'une imprudence.

Si le général de Palikao fût allé le 21 à Châlons, ce qui demandait à peine trois heures de chemin de fer, il se fût vite rendu compte de l'état de cette armée, et cette seule constatation aurait suffi pour qu'il renonçât à son projet aventureux.

Lui qui, dans sa déposition au procès du maréchal Bazaine, a qualifié de « stratégistes en chambre » les écrivains qui avaient blâmé la marche par lui tracée au maréchal de Mac-Mahon, n'a oublié qu'une chose en s'exprimant ainsi, c'est que le grand défaut de son intervention a été de s'inspirer seulement d'évaluations erronées et sans contrôle, faites en chambre, et de n'avoir tenu aucun compte de l'état inorganique de l'armée de Châlons, qu'il lui était pourtant si facile d'aller visiter.

Le grand tort du maréchal, qui seul était bon juge de l'état de cette armée et qui au bout du compte avait seul la responsabilité, a été de ne pas résigner net son commandement plutôt que d'entreprendre un mouvement dont il sentait tout le danger [1].

---

[1] Le 21 août au soir, à Courcelles, le maréchal disait à M. Rouher qui était venu défendre les idées du gouvernement : « Je ne me crois pas en état de risquer de me trouver au milieu des armées prussiennes ; d'après les renseignements qui me sont parvenus hier soir, je dois supposer que le maréchal Bazaine est entouré par une armée de 200,000 hommes. En avant de Metz dans la direction de Verdun, se trouve l'armée du prince de Saxe estimée à 80,000 hommes. Enfin, le prince royal de Prusse est près de Vitry-le-François à la tête de 150,000 hommes; en me portant vers l'Est, je puis me trouver

Mais il a montré vis-à-vis du ministre de Palikao et du gouvernement de la régence, la même condescendance dont devait faire preuve à son tour, pour notre malheur encore, le général d'Aurelle de Paladines vis-à-vis de MM. Gambetta et de Freycinet.

Au fond, en poussant l'armée de Châlons vers Metz, on avait surtout en vue, à Paris, l'intérêt dynastique; on se basait beaucoup plus sur des considérations politiques que sur des données stratégiques; on craignait que l'abandon de l'armée de Metz n'amenât une révolution qu'on voulait éviter à tout prix, et en cela on faisait un faux calcul puisqu'on allait aboutir à la perte de l'armée de Châlons qui n'a pas manqué de provoquer, le 4 septembre, une explosion de toutes les indignations mal contenues depuis nos premiers revers et un changement de gouvernement, qui ne fit qu'empirer encore l'état de nos affaires.

Mais, dira-t-on, que fallait-il faire de cette armée de Châlons? Cette question a été débattue dans le conseil de guerre du 17 août auquel assistèrent l'empereur, le prince Napoléon, le maréchal de Mac-Mahon, les généraux Trochu, Berthaut et Schmitz.

La retraite sur Paris y fut décidée.

Cette décision, préférable à coup sûr à celle qui fut prise deux jours plus tard d'aller vers Metz, n'était cependant pas conforme aux nécessités de la situation.

Se concentrer sous Paris, y livrer bataille aux armées allemandes, empêcher l'investissement de la capitale, c'était, nous dit-on, le but qu'on se proposait.

Mais avec un peu de réflexion on aurait dû comprendre qu'on ne pouvait aboutir qu'à faire bloquer l'armée du maréchal de Mac-Mahon dans Paris, tout comme celle du maréchal Bazaine l'était déjà dans Metz.

Était-ce là un résultat si désirable?

Pour éviter le blocus il fallait commencer par battre les armées allemandes, et pouvait-on raisonnablement l'espérer? Non, car

---

dans une position très pénible et éprouver un désastre que je veux éviter. » (*Enquête parlementaire sur les actes du gouvernement de la Défense nationale*, page 39.)

Le maréchal voyait donc juste; la seule conclusion à tirer de tout cela était de dire carrément : *Non!*

les Allemands auraient eu la supériorité numérique et morale, sans compter la supériorité de manœuvre; notre armée battue aurait subi l'irrésistible attrait du camp retranché, et l'investissement était inévitable à bref délai.

C'était une grosse faute de ne pas considérer Paris comme une simple place forte et de vouloir y ramener, pour l'y paralyser, notre dernière armée encore libre de ses mouvements.

Ce qu'il aurait convenu de faire, à notre avis, c'eût été de diriger le 13e corps même incomplètement formé et les deux divisions de cavalerie en voie de formation à Paris sur Châlons[1] et de leur faire prendre le contact avec les têtes de colonne de la IIIe armée, pendant que l'armée de Châlons ainsi couverte, se fût portée dans la vallée de la Seine, vers Troyes.

De toute façon, tandis que l'ennemi trompé pour quelques jours au moins, d'abord par la présence du 13e corps et des deux divisions de cavalerie, puis par leur retraite sur Paris par la vallée de la Marne, eût marché à l'ouest, le maréchal de Mac-Mahon avait les moyens de gagner le plateau de Langres.

A Langres il eût trouvé le 14e corps complétant son organisation, et dont on eût préalablement dirigé par voies ferrées tous les éléments sur cette place.

Il est certain que le prince royal et le prince de Saxe, dès qu'ils auraient été au courant de la direction prise par le maréchal, auraient abandonné immédiatement leur marche sur Paris, qui se fût ainsi trouvé mieux couvert par la marche latérale de l'armée de Châlons que par sa retraite directe sur la capitale.

Le maréchal, s'il ne se fût pas cru encore en état de s'engager immédiatement, aurait eu toute facilité pour se replier vers le Morvan et au besoin plus au sud.

En relation avec Paris et avec tout le territoire français, pouvant en tirer d'incalculables ressources, renforcé du 14e corps et du 13e qui après avoir rejoint Paris aurait pu lui être expédié par voie ferrée dès que les armées allemandes auraient abandonné la direction de la capitale, de troupes tirées des dépôts, de bataillons de garde mobile, il eût été en état de reprendre la campagne vers la mi-septembre à la tête de plus de 200,000

---

[1] Ne pas oublier que le 13e corps fut dirigé le 25 sur Mézières.

hommes en se portant au nord contre les III⁰ et IV⁰ armées ; s'il les battait, il pouvait alors aller vers Metz débloquer Bazaine ; s'il échouait, sa retraite était assurée vers le Midi pour entreprendre sa réorganisation en vue d'opérations ultérieures.

Paris, avec les troupes fournies par la marine, avec des régiments de mobiles et la garde nationale, réduit à son simple rôle de forteresse, eût été à l'abri d'un coup de main, et les Allemands ne pouvaient songer à s'attaquer à cette immense place et à la bloquer qu'après en avoir fini avec l'armée toujours libre du maréchal de Mac-Mahon.

Quand on songe à tous les efforts qui ont été gaspillés en novembre et décembre 1870 et en janvier 1871 en opérations décousues et contraires aux principes de la guerre, alors qu'on manquait de cadres et qu'on faisait flèche de tout bois, on est en droit de se demander si, dans les conditions que nous venons d'indiquer, on ne serait pas arrivé à repousser l'invasion après avoir dégagé le maréchal Bazaine.

Celui-ci, de son côté, n'aurait pas eu le changement de gouvernement à invoquer à l'appui de son inaction militaire et de ses manœuvres politiques, et la capitulation de Sedan n'eût pas été là pour lui servir de précédent.

Mais il est curieux de constater que les uns ont pensé, au conseil de guerre tenu au camp de Châlons, à pousser cette malheureuse armée vers Metz pour la faire détruire en route, les autres à la ramener vers Paris pour l'y faire bloquer, et que personne n'a émis l'idée, si rationnelle pourtant, de la porter vers Langres ou vers le Morvan, en tout cas vers le sud.

SEDAN.

Personne ne trouvera étrange que l'écrivain qui a osé prétendre avoir « démontré mathématiquement » que la marche sur Metz était réalisable, dans les conditions indiquées par le général de Palikao, ait soutenu aussi qu'à Sedan, le général Ducrot avait vu faux, lorsqu'il voulait, dès le 31 août et ensuite le 1ᵉʳ septembre au matin, faire sortir notre malheureuse armée du cercle qui menaçait de se refermer autour d'elle, en la faisant retraiter par le seul point où ce cercle n'était pas encore soudé[1], et que, par contre, il ait écrit que le général de Wimpfen avait vu juste, en la maintenant au centre de la circonférence que les armées allemandes étaient en train de former, sous prétexte de prendre ensuite, Dieu sait quelle offensive! dans la direction de Carignan, fausse au point de vue stratégique et, au point de vue tactique, la plus efficacement barrée par l'adversaire.

De semblables allégations ne sont échafaudées que sur le parti pris, sur l'ignorance de la répartition des deux armées en présence, et aussi sur le procédé que nous avons déjà mis en lumière à propos de Wissembourg, et qui fait omettre à l'auteur que nous combattons, les documents infirmant la thèse qu'il soutient.

Pour lui, *La Journée de Sedan*, par le général Ducrot, n'a pas paru. Les documents si probants qu'elle contient et qui y sont discutés avec autant de clarté que d'autorité, ne comptent pour rien.

Il s'obstine à s'attacher quand même au récit fantaisiste du général de Wimpfen, qui prouve que, deux ans après la guerre, cet officier général n'avait encore qu'une notion absolument insuffisante des événements, puisqu'il écrit que « le 31 au soir, l'armée du prince royal de Saxe marchait pour nous couper la route de Mézières », alors que cette armée était au nord-est de Sedan et que pas un seul de ses soldats n'apparut sur la route de Mézières[2]. Ne lit-on pas aussi dans son ouvrage « que les corps bavarois nous fermaient la route de Carignan »; il n'oublie qu'une seule chose, c'est de dire qu'outre ces corps bavarois, il y avait les XIIe et IVe corps prussiens, sans compter que le

---

[1] Nous lisons dans le récit du grand état-major prussien : « Tandis que le général de Wimpfen tente vainement de s'ouvrir une issue vers l'est en culbutant la droite allemande, *peu à peu se constitue derrière lui une infranchissable barrière qui lui ferme d'abord la route de Mézières, puis enfin les derniers débouchés vers la Belgique.* » Ce passage n'est-il pas la justification de la conduite du général Ducrot, qui voulait précisément, par l'offensive vers l'ouest, empêcher la formation de cette barrière?

[2] Le général Lebrun, dans son ouvrage *Bazeilles-Sedan*, commet quinze ans après la guerre une erreur plus forte encore quand il écrit que deux corps envoyés de Metz par le prince Frédéric-Charles ont pris part à la bataille devant Sedan. On sait que ces deux corps acheminés, en effet, vers Damvillers ont rebroussé chemin dès que l'état-major allemand eut la certitude que la coopération des IIIe et IVe armées était assurée.

— 80 —

corps de la garde contribuait, lui aussi, à nous interdire la direction de l'Est [1].

Pourquoi M. Duquet, qui sait si bien, et avec raison cette fois, relater contre le maréchal Bazaine les procès-verbaux des séances du conseil d'enquête sur les capitulations, ne souffle-t-il mot du procès-verbal relatif à Sedan, où il est dit entre autres choses : « Le général de Wimpfen prit le commandement sans avoir de plan bien arrêté.....; il est du devoir du conseil de dire que le projet du général Ducrot était le plus rationnel.....; le général de Wimpfen a fait preuve de conceptions trop peu plausibles ou justifiées, pour ne pas avoir une grande partie de la responsabilité des funestes événements qui amenèrent la capitulation ».

Nous n'entreprendrons pas la réfutation de ce qui a été avancé avec tant de légèreté, par M. Duquet, sur Sedan. Nous estimons que toute discussion est close à ce sujet, que tous les éléments du jugement à porter sont réunis, et nous ne pourrions rien ajouter à ce qui a été établi par tant d'écrivains autorisés, entre autres : A. G., ancien élève de l'École Polytechnique, *l'Armée de Châlons, son Mouvement vers Metz*, 1885 ; *Journal des Sciences militaires*, mai 1885 : *la Retraite sur Mézières, le 31 août et le 1er septembre;* colonel VIAL, *Histoire abrégée des Guerres modernes*, 1886 ; colonel CANONGE (aujourd'hui général), *Histoire militaire contemporaine*, 1886; colonel DE PONCHALON, *Souvenirs de guerre*, 1893 ; V. D. (général Derrécagaix), *Histoire de la Guerre de 1870-71* [2]. De tous ces ouvrages, la vérité ressort indiscutable et point n'est besoin de revenir aujourd'hui sur une question aussi nettement tranchée.

Nous nous bornerons à citer un extrait du dernier et très remarquable ouvrage de M. A. G., *Champigny — Loigny — Orléans*.

« On a beaucoup discuté, dit-il, il y a une quinzaine d'années,

---

[1] Les erreurs de lieux, de dates, d'heures et d'effectifs, ainsi que les contradictions, sont continuelles dans le livre du général de Wimpfen ; elles ont d'ailleurs été relevées par le général Ducrot dans *La Journée de Sedan*, pages 118, 119, 120, 121, 122, 123.

[2] Le récit de la bataille de Sedan, dans Borbstaed, fait aussi ressortir l'opportunité des mesures ordonnées le 1er septembre par le général Ducrot.

sur les rôles des généraux de Wimpfen et Ducrot à Sedan. J'ai traité longuement la question dans mon ouvrage sur l'armée de Châlons; aujourd'hui *elle est complètement résolue*, au moins dans l'armée. Tout le monde y admet que les projets du général Ducrot étaient les seuls susceptibles d'empêcher la capitulation et que l'intervention du général de Wimpfen a été aussi désastreuse que déraisonnable. Cette appréciation est *actuellement professée dans toutes nos écoles militaires* ; l'opinion contraire n'est plus soutenue que par quelques écrivains *étrangers à l'armée*. »

Et, après avoir exposé les conséquences de la faiblesse du gouverneur de Paris, qui eut le tort de ne pas résister à la Délégation en province et d'abandonner le projet de sortie par la basse Seine, étudié et préparé par le général Ducrot, M. A. G., ajoute :

« De sorte qu'on peut dire que, pendant le cours de cette triste guerre, le général Ducrot a trouvé deux fois le moyen d'épargner à son pays de grands désastres ; une première fois, à Sedan, en apercevant avec *beaucoup de coup d'œil*[1], la seule chance de salut qui restait à l'armée française d'éviter une ruine complète ; une seconde fois, à Paris, en proposant le plan le meilleur, pour essayer de rompre l'investissement et de dégager la capitale, au moins pendant quelques jours.

« Malheureusement, dans ces deux circonstances, *ce véritable homme de guerre* s'est trouvé dans l'impossibilité de mettre ses projets à exécution ; une première fois, par l'intervention du général de Wimpfen, *qui ne comprenant rien à ce qui se passait*, refusa d'entrer dans les idées du général Ducrot ; une seconde fois, par suite du refus de la Délégation de Tours, de se conformer au projet qu'il avait proposé.

« On peut dire que véritablement, la mauvaise fortune s'est acharnée contre nous, car, tandis que les incapables avaient toute liberté pour exécuter leurs projets, les rares hommes qui, par leur savoir autant que par leur énergie, étaient capables de sauver

---

[1] La correspondance militaire du général, récemment publiée, met en relief mieux que toute discussion la grande prévoyance du général, la connaissance approfondie qu'il avait de nos ennemis et tous les efforts qu'il fit, malheureusement en pure perte, pour ouvrir les yeux au gouvernement impérial sur l'imminence et les dangers d'une guerre avec l'Allemagne.

leur pays, se trouvaient dans l'impossibilité d'utiliser leurs précieuses facultés. »

Pour corroborer l'opinion de A. G. au sujet de Sedan, nous citerons quelques extraits des cours professés à l'École supérieure de guerre :

« Quoi qu'on en ait pu dire, cette manœuvre (celle ordonnée par le général Ducrot) était bien réellement la seule à adopter; eût-elle échoué, elle n'eût pas été plus terrible dans ses effets que celle à laquelle le général de Wimpfen donna la préférence : de fait, c'était l'offensive avec ses diverses chances substituée à la défensive presque passive.

« Vers 9 heures, le général de Wimpfen réclamait le commandement et, séduit par les succès du 12e corps, mais méconnaissant le danger que faisaient courir à l'armée les mouvements tournants alors en cours d'exécution, il arrêtait la retraite et rappelait les 1er et 12e corps à leurs positions premières : la perte de l'armée fut alors certaine [1]…..

« On peut donc croire qu'il aurait été possible d'éviter le désastre de Sedan en se dérobant, le 31 au soir, vers Mézières (comme l'avait demandé le général Ducrot); en tout cas, il est admis aujourd'hui que la position à prendre auprès de Sedan était celle que le général Ducrot avait indiquée sur les hauteurs de Fleigneux, du calvaire d'Illy à Floing. Là une défaite, une déroute même ne pouvait avoir d'autre conséquence que de rejeter nos corps, partie en Belgique, partie vers Mézières [2].

« Le général Ducrot mit ses divisions en marche le 31, à huit heures du matin et, persuadé que l'armée allait se diriger sans délai sur Mézières, par la rive droite de la Meuse, avisa le maréchal qu'il conduisait ses troupes vers Illy. Il reçut, non sans inquiétude, l'ordre de se rapprocher de Sedan et chercha vainement à démontrer l'intérêt qu'il y avait pour l'armée à dépasser sans retard la ligne Fleigneux — Saint-Menges……

« On a beaucoup discuté, depuis 1870, la question de savoir dans quelle situation le commandant en chef, décidé à livrer bataille avant de battre en retraite, aurait pu placer ses forces pour ne pas donner prise à l'enveloppement tactique dont la position

---

[1] École supérieure de guerre, *Cours d'histoire militaire*, 1879.
[2] École supérieure de guerre, *Cours d'histoire militaire*, 1886-87.

des armées ennemies le menaçait; les idées formulées à cet égard par le général Ducrot *ont rallié presque toutes les opinions.....*

« Le général de Wimpfen, s'exagérant l'importance du succès obtenu par l'infanterie de marine à Bazeilles, et mal informé sur la situation morale et les qualités de résistance d'une armée qu'il venait de rejoindre, adressa immédiatement aux généraux Lebrun et Ducrot, des ordres indiquant l'intention de reporter l'armée sur la route de Montmédy......

« Le général Ducrot savait déjà que des masses ennemies considérables menaçaient de tourner sa gauche en marchant de Villers-Cernay sur Illy, et sentait que la réussite de ce mouvement était la perte de l'armée; il obéit néanmoins.....

« ... Même après avoir commis la faute de laisser l'armée concentrée autour de Sedan pendant toute la journée du 31 août, il eut été possible d'échapper à l'enveloppement tactique, si, comme le demandait le commandant du 1er corps d'armée, on l'eût autorisé à occuper le soir la belle position d'Illy, de manière à couvrir le lendemain matin, par ses feux croisés avec ceux de l'artillerie de la place de Sedan, le mouvement de l'armée s'écoulant, au point du jour, par la route de Mézières.

« En admettant que l'ennemi, arrivant par tous les passages de la Meuse, arrêtât notre marche et nous forçât à livrer bataille, l'armée ne se trouvait plus sur le terrain qu'il pouvait envelopper par ses deux ailes; elle se plaçait sur le cercle même qu'elles avaient à décrire et échappait à leur étreinte. Si l'on était battu, la retraite s'opérait sous le couvert des bois de la Falizette. Certaines reconnaissances, exécutées depuis la guerre, ont démontré qu'ils étaient praticables, comme l'affirmait le général Ducrot[1]. »

---

[1] École supérieure de guerre, *Cours d'histoire militaire*, 1889-90.

« Le matin du 1er septembre, un officier du 74e, le capitaine adjudant-major Delord, natif de Sedan et connaissant fort bien comme chasseur tous les environs, affirmait au général Ducrot que le chemin de la montagne était très praticable, que toute la forêt au nord d'Illy et de Saint-Menges était percée d'excellents chemins vicinaux par lesquels l'armée pouvait faire retraite dans la direction de Rocroi, dans le cas où la route serait coupée.

« A cette affirmation très nette, on s'est contenté d'opposer de simples dénégations. On a procédé de même à l'endroit de la viabilité du chemin de la Falizette : une reconnaissance sérieuse eût cependant été plus concluante. C'est à ce moyen que nous avons eu recours deux années de suite, en 1880 et 1881, de façon à déterminer les chemins utilisables pour toutes armes *qui, existant en* 1870 dans le bois de la Falizette, pouvaient permettre à cette

Ces appréciations formulées dans les cours de notre première école militaire sont dues à des hommes dont la compétence autant que l'impartialité ne sauraient être récusées, pas plus d'ailleurs que la sûreté des éléments d'information qu'ils ont pu utiliser.

Elles fixeront le jugement de l'histoire, bien que M. Duquet ait osé écrire : « Sûr du jugement de l'histoire, je charge le temps du soin de confirmer mes appréciations », et elles le fixeront en sens inverse des conclusions de cet écrivain, conclusions que le défaut de compétence dans les questions de cette nature ne lui permettait pas de formuler [1].

D'ailleurs, le général Ducrot qui, pas plus que les généraux Douay et Lebrun, ne faisait partie du conseil de guerre tenu au camp de Châlons, n'avait pas caché au maréchal qu'il considérait comme fort dangereuse la direction prise par l'armée dès son départ du camp. Le combat de Beaumont avait achevé à ses yeux de préciser la situation, et il avait compris ce que pouvait être une armée capable de porter des coups aussi rudes.

Pendant l'action, il avait vainement demandé au maréchal de se détourner du but qu'il avait assigné à sa marche, pour se porter au secours du 5ᵉ corps ; le maréchal lui avait répondu sans le convaincre « que tout allait bien ». Ses prévisions ne furent que trop justifiées devant Sedan le 1ᵉʳ septembre.

Après la bataille, alors que le général de Wimpfen avait déjà abandonné l'armée dont il avait causé la perte, sans plus se soucier de ses intérêts, ne songeant qu'à obtenir la faveur d'emmener ses chevaux, le général Ducrot resta avec nos troupes internées dans la presqu'île d'Iges (camp de la Misère), s'efforçant d'obtenir pour nos malheureux soldats des vivres et quelques adou-

---

époque, sans entrer sur le territoire belge, de déboucher au nord-ouest du défilé...

« Or, le 1ᵉʳ septembre 1870, le bois de la Falizette était traversé par trois chemins praticables à l'artillerie.... ; l'armée pouvait donc, utilisant tôt ou tard le défilé de Saint-Albert, déboucher en quatre colonnes sur la ligne Moulin-Rouge — La-Claire. » (Général CANONGE).

[1] « Plust à Dieu que nous, qui portons les armes, prinsions cette coutume d'écrire ce que nous voyons et pensons, car il me semble que cela seroit mieux accommodé de nostre main, j'entends du fait de la guerre, que non pas des gens de lettres, car ils déguisent trop la vérité et cela sent trop son clerc, » a dit Monluc.

cissements à leur détresse. Il ne se sépara d'eux que sur l'ordre de l'état-major allemand. On sait comment, s'étant rendu à Pont-à-Mousson, il réussit à s'échapper, à ses risques et périls, de la gare, gardée militairement par des troupes dont les armes étaient chargées, et vint offrir son épée au nouveau gouvernement qui avait entrepris de continuer la lutte contre l'envahisseur.

CHATILLON [1]

Nous avons terminé l'examen des « points faibles où M. Duquet avait touché le général Ducrot » au dire de Certans; il nous reste maintenant à répondre à ce défenseur « de l'historien de la guerre de 1870 » et à ses articles du *Spectateur Militaire*.

Et d'abord, sans connaître exactement le rapport qui peut exister entre MM. Duquet et Certans, nous avons tout lieu de croire que ce rapport est des plus étroits : expressions identiques, mêmes procédés de discussion, c'est-à-dire omission de documents, altération de textes; même emploi de mots d'autant plus sonores qu'ils sont creux; même jeu d'enfant qui consiste à qualifier son contradicteur de « *magister rerum bellicarum* », professeur d'art militaire — stratège voilé — grand capitaine — mystérieux Y K — mystère et profondeur. »

Toutes ces expressions, sous le voile de l'ironie, cachent imparfaitement un dépit profond; le moindre argument sérieux eût bien mieux fait notre affaire. Pour faire ressortir l'inanité des critiques à nous adressées par le rédacteur voilé du *Spectateur Militaire*, nous aurons recours à un procédé simple, celui de citer successivement : 1º le texte de M. Duquet, 2º le nôtre, 3º celui de Certans.

La conclusion ressortira d'elle-même, donnant la mesure de la bonne foi et de l'étendue des connaissances de notre contradicteur; cette méthode présente, en outre, une sérieuse garantie, elle ne permet pas les faux-fuyants.

Mais auparavant il importe de vider un point de doctrine.

---

[1] Voir la carte de l'état-major au 1/80000, feuilles nº 65 Melun et nº 48 Paris, et les feuilles 20, 21, 26 et 27 de la carte au 1/20000 du département de la Seine publiée par le service géographique de l'armée.

Dans notre avant-propos du combat de Châtillon, nous avons révoqué en doute la compétence de M. Duquet, parce qu'il lui manque l' « expérience personnelle »; nous estimions, et nous estimons plus que jamais, qu'il n'est pas dans les conditions voulues pour discuter en connaissance de cause des questions qui confinent à l'emploi stratégique et tactique des troupes; en un mot que, n'étant pas militaire, n'ayant jamais servi, ne connaissant pas l'armée, il y avait pour lui trop d'inconnues dans les problèmes qu'il avait la prétention de résoudre, sans que ses études antérieures l'aient mis en état de les aborder.

On nous répond bien que M. Duquet a été enrôlé pour la première fois il y a 25 ans, etc.; mais ce n'est pas en témoin oculaire qu'il essaie de retracer une quelconque des nombreuses actions de guerre de 1870. Aussi bien, quelle importance peut bien avoir, dans la discussion qui nous occupe, une situation dans l'Intendance de l'armée territoriale, lorsqu'on se trouve en contradiction avec des écrivains militaires comme le général Maillard, le colonel Bonnal, les généraux Derrécagaix et Canonge, A. G., du *Journal des Sciences militaires*, et aussi avec l'enseignement devenu doctrine dans notre première école militaire.

N'est-il pas étonnant, d'un autre côté, que l'écrivain qui signe Certans, qui étale avec tant de complaisance les titres militaires de son client, vienne nous reprocher de nous vanter « d'avoir appartenu au 13ᵉ corps », alors que nous nous sommes borné à dire : « Or, comme nous appartenions au 13ᵉ corps, nous n'avons eu qu'à faire appel à nos souvenirs. Notre régiment, le 42ᵉ, était évidemment tout autre que ceux du corps du général Renault; mais l'état où se trouvaient les régiments de marche ramenés à Paris par le général Vinoy, nous fournit un point de comparaison qui ne peut nous tromper ».

D'après Certans, prétendre que M. Duquet « ne saurait être pris au sérieux comme historien militaire, revient à dire que MM. Thiers et Camille Roussel, n'ayant jamais été même caporal (*sic*), il convient de considérer leurs œuvres comme quantité négligeable et que le moindre travail du premier capitaine venu doit leur être de beaucoup préféré. » Nous n'avons jamais dit qu'il était *suffisant* d'être militaire pour écrire avec compétence sur des opérations de guerre, mais bien qu'il était *nécessaire* de l'être, c'est-à-dire d'avoir vécu de la vie de l'armée, d'avoir exercé un commandement dans des circonstances diverses, d'avoir fait la guerre, pour se prononcer en connaissance de cause. Nous ajouterons toutefois qu'il est certaines choses que n'écrirait pas le premier officier venu, si peu préparé qu'il puisse être au rôle d'historien par ses études particulières.

Quant aux travaux de MM. Thiers et Rousset, ils n'appartiennent pas à la même catégorie que ceux que nous relevons sur 1870-1871. Ces deux historiens se gardent bien de juger les événements au même point de vue et d'entrer dans les mêmes considérations, et, en tout cas, ils apportent dans leurs discussions une réserve et une retenue autres.

En outre, sans méconnaître le talent de M. Thiers, il est admis depuis longtemps qu'il faut faire les plus sérieuses réserves sur la partie militaire de son œuvre, et l'idée ne viendra à aucun officier, voulant faire une étude des procédés et du concept napoléoniens, d'aller les chercher dans les récits de M. Thiers, si attrayants qu'ils puissent être pour le grand public.

Un des malheurs de la génération militaire qui a précédé la nôtre, a été de se borner à puiser ses enseignements sur la période impériale, dans l'*Histoire du Consulat et de l'Empire*, alors que les Allemands avaient eu Clausewitz, presque inconnu chez nous, pour mettre en lumière les leçons du maître de la guerre.

En France, malgré l'œuvre de M. Thiers, ou plutôt à cause de cette œuvre non militaire, qui avait été notre guide unique ou à peu près, on ignorait tout, quant aux procédés usités dans les armées impériales ; par la bonne raison que ce grand écrivain, ne les soupçonnant même pas, n'avait pu les dégager de sa magnifique narration.

Il y a bien peu de temps qu'un tel travail a été commencé : « Pour bien saisir les conséquences de ce principe (l'offensive est inséparable de l'idée de manœuvre), dit le général Maillard, dans son introduction des *Éléments de la Guerre*, il conviendrait d'étudier les opérations de la Grande Armée pendant les journées des 12, 13 et 14 octobre 1806, autrement dit, la manœuvre d'Iéna, suivant la propre expression de l'Empereur.

« Le cadre de nos *Éléments de la Guerre* s'oppose à ce que nous entrions dans le détail des conceptions napoléoniennes.

nées au cours des trois journées qui ont précédé la destruction totale de l'armée prussienne. D'ailleurs, un autre que nous, un esprit supérieur, s'est chargé de ce soin. » Sans insister sur l'étude magistrale à laquelle fait allusion M. le général Maillard, si connue de ceux qui ont suivi dans ces dernières années l'enseignement de l'École supérieure de guerre, nous dirons seulement que cette étude si féconde du colonel Bonnal n'a et ne pouvait avoir aucun rapport dans son but, comme dans ses moyens, avec la narration composée par M. Thiers sur Iéna.

Voilà pourquoi Certans se trompe quand il veut arguer de la compétence de M. Thiers comme auteur militaire, en faveur de celle de M. Duquet.

Quant à M. Camille Rousset, il n'a jamais traité que nous sachions, l'histoire au même point de vue et par les mêmes procédés que M. Duquet : les écrits de l'historien de Louvois n'ont aucun rapport, ni de près ni de loin, alors même qu'il retrace la conquête d'Alger, celle de l'Algérie et la guerre de Crimée, avec le véritable pamphlet que se trouve avoir produit « l'historien de la guerre de 1870-71 ».

Au reproche d'incompétence, dit Certans, l'auteur a répondu lui-même : « C'est par ce qui est écrit et non par la profession de celui qui a écrit que l'on peut juger un travail ». « Nous ne voyons pas, ajoute-t-il, ce que Y. K. pourrait répliquer ».

La réponse est pourtant facile.

On nous rendra cette justice, que c'est bien par ce qu'il a écrit que nous avons jugé et que nous jugeons encore M. Duquet ; c'est bien à ce qu'il a écrit que nous nous sommes attaqué.

Et nous maintenons qu'après avoir rencontré dans son texte, erreurs, contradictions, confusions, parti pris, omissions, jugements faux et injustes, etc., nous avons bien le droit alors d'expliquer toutes ses fautes par son manque d'instruction et de connaissances pratiques, et de dire que s'il avait étudié la guerre, s'il avait jamais exercé un commandement même restreint, M. Duquet ne se serait pas laissé entraîner par son imagination au delà de certaines limites, et qu'il n'aurait pas mis son réel talent d'écrivain au service de la plus mauvaise cause et, il semble, d'injustifiables rancunes.

Cela dit, venons à ceux des points du « combat de Châtillon »,

— 89 —

incriminés par Certans, car il en est beaucoup qu'il s'est prudemment dispensé d'aborder.

1° *Reconnaissance de la brigade de Bernis, le 18 septembre.*

Paris, le 4 septembre et Châtillon, par M. A. DUQUET. — « Une reconnaissance de cavalerie française, sous les ordres du capitaine Faverot, s'était heurtée à Palaiseau à l'avant-garde de la XIe division de cavalerie ; elle se retire par Igny, sur le bois de Verrières et du haut du plateau voit *les nombreux escadrons ennemis* suivre la route qui mène à Saclay. Il est environ midi.

« Informé de la *marche des colonnes prussiennes*, le général Ducrot croit devoir ordonner à la brigade de Bernis d'exécuter une forte reconnaissance dans la direction du bois de Verrières.

« Que peut une brigade contre les forces dont disposent les Prussiens ? Est-ce pour se renseigner que le général Ducrot jette ainsi nos rares cavaliers en proie à l'ennemi ? Mais la reconnaissance du capitaine Faverot lui suffit pour savoir que les Allemands s'avancent sur Versailles [1].

---

[1] Elle suffit à M. Duquet vingt ans après les événements, mais elle ne pouvait suffire le 18 septembre 1870 au général Ducrot, car elle n'était rien moins que concluante. Si le matin il avait disposé de la brigade de Bernis au moment de l'envoi en reconnaissance du capitaine Faverot de Kerbrech, c'est cette brigade qu'il eût dirigée vers la Seine ; au moment même où elle lui arriva à Montrouge, il était encore temps de l'utiliser pour refouler la cavalerie adverse, *qui seule avait été signalée*, et avoir des renseignements complets et certains sur la marche des colonnes allemandes *qui n'avaient pas été aperçues* par la reconnaissance du capitaine de Kerbrech. Dans le doute où l'on était, maintenir inutile notre cavalerie au bivouac de Montrouge eût été une faute grave. Voici d'ailleurs dans quels termes il est rendu compte de cet incident dans le rapport du 20 septembre sur le combat de Châtillon : « Le 18 septembre, une reconnaissance très hardiment et très habilement faite par le capitaine Faverot de Kerbrech, mon officier d'ordonnance, me donnait connaissance de la présence à Igny, Bièvre et au Petit-Bicêtre de forts détachements de cavalerie ennemie paraissant marcher dans la direction de Versailles ; vers 1 heure, au moment où ces rapports me parvenaient, je fis monter à cheval la cavalerie commandée par le général de Bernis et le régiment de gendarmerie à cheval ; je l'appuyai par une batterie à cheval et les envoyai par la route de Plessis-Piquet dans la direction où l'ennemi m'était signalé, avec ordre de tâcher de couper la retraite aux escadrons ennemis les plus avancés et, dans tous les cas, de reconnaître exactement et la direction et la force des détachements signalés. »

« Est-ce pour les attaquer en pleine marche? Mais alors ce n'est pas seulement de la cavalerie qu'il faut envoyer, l'infanterie doit être de la partie, et il se contente de porter en réserve, au Plessis-Piquet et au Moulin-Plessis, 1 régiment de marche et 2 compagnies de chasseurs à pied !

« Aussi, dès que nos cavaliers s'approchent de l'Abbaye-au-Bois, sur la route de Bièvre, une vive fusillade les force à rebrousser chemin du côté du Petit-Bicêtre ; la brigade revient sous la redoute de Châtillon. »

2° *Le combat de Châtillon*, par Y. K. — « Le général Ducrot, qui ne néglige rien pour s'éclairer et se renseigner, envoie deux de ses officiers d'ordonnance en reconnaissance, le capitaine Faverot de Kerbrech vers la Seine, le capitaine de Louvencourt vers Bougival et Saint-Germain.

« La reconnaissance du capitaine de Louvencourt ne rencontre pas l'ennemi. Celle du capitaine Faverot, qui se compose de quatre pelotons de guides, a l'ordre d'aller jusqu'au contact. Son peloton de gauche se heurte à quelque distance de Palaiseau contre des cavaliers ennemis ; il gagne alors en observation le bois de Verrières. De l'extrémité du plateau, il découvre une *colonne de quatre escadrons qui marche sur Versailles, par Bièvre.*

« Le capitaine Faverot envoie à son peloton de droite qui opère vers Toussus l'ordre de se replier sur Paris par Sèvres, car il peut être coupé, et au peloton en soutien à l'Hôtel-Dieu, l'ordre d'appuyer sur le peloton également en soutien à Petit-Bicêtre ; puis il replie tous ses éclaireurs pour tâcher d'attirer les cavaliers allemands sur le plateau et vient de sa personne rendre compte au général Ducrot. La brigade de Bernis est campée près du fort de Montrouge ; elle vient d'être mise à la disposition du général Ducrot.

« Elle comprend le 2e régiment de marche de cuirassiers (4 escadrons), le régiment de gendarmerie (6 escadrons), le 2e régiment de cavalerie mixte (4 escadrons), total : 14 escadrons.

« La reconnaissance du capitaine Faverot *n'avait signalé que de la cavalerie (4 escadrons)* ; on pouvait donc espérer, si la cavalerie allemande s'engageait sur le plateau, la charger dans de bonnes conditions et lui infliger un échec.

« Le général Ducrot ordonne donc à la brigade de Bernis de monter à cheval et de faire une forte reconnaissance dans la direction de Verrières. *Il l'appuie par une batterie à cheval* et la dirige par la route du Plessis-Piquet vers les points où la cavalerie ennemie est signalée, avec ordre « de tenter un coup de main contre cette cavalerie qui nous donnait le flanc en nombre bien inférieur et de couper la retraite aux escadrons ennemis les plus avancés.

« Le capitaine Faverot, chargé de porter l'ordre à la brigade de Bernis, doit ensuite la guider.

« D'ailleurs le 15e de marche (lieutenant-colonel Bonnet), auquel sont adjointes 2 compagnies de chasseurs à pied, a déjà reçu l'ordre d'occuper Plessis-Piquet[1] avec une grand'garde au Moulin-Plessis; de là il couvrira le flanc de notre cavalerie. Pour parer à toute éventualité la division de Caussade prend position à la lisière du bois de Meudon, la division d'Hugues à l'est de la redoute.

« La brigade de Bernis, après avoir dépassé Plessis-Piquet, s'est massée à l'abri du mur d'un des parcs au sud du village, masquée aux vues de l'ennemi.

« Son chef envoie un escadron de chasseurs de la garde en éclaireurs vers le bois de Verrières; il espère que les cavaliers ennemis donneront la chasse à nos fourrageurs et qu'il pourra avec ses régiments les charger en flanc.

« Il y avait là une idée juste : si la cavalerie ennemie s'était aventurée sur le plateau (et il y avait lieu de s'y attendre) puisqu'elle couvrait le front et les flancs, le flanc droit principalement de la colonne allemande en marche sur Versailles), elle avait grande chance de tomber sous les sabres de la brigade de Bernis qui renfermait des éléments solides, comme on pourra en juger par son attitude dans la journée du lendemain et avait en outre une supériorité numérique écrasante.

« Croirait-on que cet ensemble de dispositions absolument logiques n'a pas trouvé grâce devant l'inexorable critique d'un auteur qui a longuement écrit sur Châtillon.

---

[1] Cet ordre (voir dans *Le Combat de Châtillon* le récit du lieutenant-colonel Bonnet) avait été donné de grand matin dans un but particulier, et non au moment de la mise en mouvement de la brigade de Bernis, comme le donne à tort à entendre M. Duquet, trop souvent mal informé.

« Il n'a pas lu, ou plutôt, il n'a pas compris la teneur des ordres donnés par le général Ducrot et croit ou feint de croire qu'il ne s'agissait que d'une reconnaissance dans la direction de Verrières pour se rendre compte de la marche des colonnes allemandes, et alors il s'écrie : « Que peut une brigade contre les forces..... et « 2 compagnies de chasseurs à pied. » (Voir ci-dessus, page 89).

« L'écrivain que nous combattons discute, non sur les ordres donnés à la brigade de Bernis, mais bien sur la destination que, dans son imagination, il rêve lui avoir été assignée, et alors il a beau jeu.

« En quoi la brigade de Bernis est-elle jetée en proie à l'ennemi ?

« Où est-il question d'attaquer les Allemands en pleine marche ?

« Nous verrons d'ailleurs que le rôle de protection que devait remplir le 15ᵉ de marche à Plessis-Piquet n'était qu'accidentel, et que le général en chef avait, dès le 17 au soir, des intentions bien arrêtées sur cette position de Plessis-Piquet.

« Mais passons. Le général de Bernis ne voyant pas l'ennemi se montrer, porte en avant sa brigade formée en colonnes serrées, pour appuyer l'escadron d'éclaireurs ; à Petit-Bicêtre, celui-ci se trouve en présence de dragons prussiens qu'il charge immédiatement ; mais devant les feux d'infanterie partant de l'Abbaye-aux-Bois, il rétrograde sur Petit-Bicêtre.

« Le récit dont nous avons cité un extrait est disposé de telle sorte qu'il donne à entendre que la brigade de Bernis serait tombée tout entière sous le feu de l'infanterie allemande, qui l'aurait contrainte à revenir sous la redoute.

« Cela est une erreur de plus.

« La brigade n'avait pas atteint Petit-Bicêtre, elle était donc hors de portée des fusils des fantassins allemands de l'Abbaye-aux-Bois, qui ne pouvaient tirer que sur son escadron d'éclaireurs.

« Loin de se replier sur Châtillon, après cette fusillade qui n'avait été dirigée que sur cet escadron, elle continua à s'avancer sur Villacoublay, modifiant seulement sa direction et envoyant dans tous les sens des patrouilles qui explorèrent le plateau jusqu'à Montclain.

« Alors seulement, ne voyant plus rien, jugeant sa reconnaissance terminée, le général de Bernis fit faire demi-tour à sa colonne et reprit le chemin de la redoute où elle n'arriva qu'à 4 heures, après avoir eu occasion de refouler sur la Garenne de Villacoublay, un groupe ennemi qui s'était avancé jusqu'à la ferme de la Porte-de-Trivaux. (*La défense de Paris*, Tome Ier, pages 16 et 17. — Rapport du général Ducrot sur le combat de Châtillon, le 21 septembre.)

3° *Le Combat de Châtillon, par* Certans. — « Une première discussion est à engager au sujet des passages suivants : « La « brigade de Bernis..... et alors il a beau jeu. » (Voir p. 143-144.)

« Et plus loin, l'avocat du général Ducrot ajoute : « Mais pas- « sons, le général de Bernis ne voyant pas..... il rétrograde sur « Petit-Bicêtre. » (Voir ci-dessus, page 144.)

« Il est impossible de se contredire plus naïvement d'une page à l'autre. Comment, le déploiement de la brigade de cavalerie de Bernis derrière les murs de Plessis-Piquet a été ordonné pour qu'elle pût fondre sur les cavaliers ennemis, quand l'escadron de chasseurs de la garde envoyé vers le bois de Verrières pour servir d'amorce les aurait attirés sur le plateau, et voici que la brigade tout entière « se porte en avant en colonne serrée pour appuyer l'escadron d'éclaireurs! » Et le piège, alors, que devient-il? Il est donc détendu? La combinaison du général Ducrot n'est plus qu'un produit de l'imagination d'Y. K. et M. Duquet a eu raison d'écrire que lancer une brigade de cavalerie sur et le long du bois de Verrières, *sans la faire appuyer par de l'infanterie et de l'artillerie*, alors que deux corps d'armée adverses s'avancent sur Sceaux et Versailles, c'était jeter cette brigade en proie à l'ennemi.

« On a beau avoir appartenu au 13e corps, comme Y. K. s'en vante, ce n'est pas une raison pour ne pas saisir une chose si simple et pour s'évertuer à prouver que le meilleur moyen de surprendre quelqu'un, c'est de se montrer, et que jeter une brigade de cavalerie au-devant de deux corps d'armée, c'est la mettre « hors de portée des fusils de fantassins allemands. »

« Voici la première attaque de Y. K. repoussée.

« En dépit de son désir de jouer le rôle de « *magister rerum bellicarum* », il nous semble que l'écrivain, absolument étranger aux choses de l'armée, sans aucune expérience personnelle pour écrire une critique sérieuse et détaillée d'une guerre contemporaine, a mieux compris la situation que l'ancien soldat du 13ᵉ corps devenu le défenseur du général Ducrot. »

Après avoir cité fidèlement les textes en regard les uns des autres, sans altération ni omission, il est peut-être superflu de répondre à la faible argumentation de Certans. Nous tenons à le faire néanmoins pour mettre en relief ses procédés de discussion.

Nous comprenons bien qu'il fallait à tout prix faire une réponse, quelle qu'elle fût, aux articles du *Journal des Sciences militaires* sur le combat de Châtillon ; mais ce que nous refusons d'admettre, c'est que cette nécessité autorisât à recourir à de tels moyens.

D'abord, pourquoi passer sous silence tout le texte de Y. K., depuis le premier alinéa : « le général Ducrot, qui ne néglige rien... », jusqu'à « la brigade de Bernis après avoir dépassé Plessis-Piquet », etc.

Parce que, si on le citait, on ne serait plus en droit de dire que le général Ducrot a lancé la brigade de Bernis « sans la *faire appuyer par de l'artillerie* », puisque, au contraire, il est écrit : « *il l'appuie par une batterie à cheval* ». (Une division de cavalerie, composée de trois brigades, dispose actuellement d'un groupe de trois batteries ; encore ce chiffre vient-il d'être réduit à deux.) Pas davantage on ne pourrait parler des corps d'armée ennemis s'avançant sur Sceaux et Versailles, puisque la reconnaissance du capitaine Faverot n'a *vu et signalé que quatre escadrons de cavalerie*. C'était précisément pour tenter de voir ce qu'il y avait derrière la cavalerie adverse, que la brigade de Bernis avait été portée en avant pour la refouler. D'ailleurs, la répartition des forces françaises et allemandes, le 18 au soir, que nous avons donnée dans *Le Combat de Châtillon*, fait voir combien est inexacte cette affirmation que, par *rapport aux positions occupées par le 14ᵉ corps français, le 18 à midi,* deux corps d'armée allemands étaient en marche sur Versailles.

Le IIᵉ corps bavarois, le 18 *au soir*, avait la 3ᵉ division d'infanterie et la brigade de uhlans à Longjumeau, détachant la 5ᵉ brigade avec deux batteries et deux régiments de chevau-légers aux environs de Massy et de Vissous ; la 4ᵉ division à Montlhéry, Sceaux-les-Chartreux et Arpajon ; la réserve d'artillerie à Amblainvilliers. Ce corps qui n'a atteint que le soir les points sus-indiqués, était donc à midi à bonne distance du bois de Verrières, d'où il ne pouvait guère menacer la brigade de Bernis.

Ne tombe-t-il pas sous le sens que, le 18 septembre 1870, le général Ducrot à Châtillon ne pouvait connaître, — comme le peut vingt ans après les événements un écrivain muni des documents allemands, — la répartition des forces ennemies entre la Seine et le plateau de Châtillon; qu'il n'avait que les informations rapportées par ses reconnaissances, informations qui ne lui suffisaient nullement pour savoir que les Allemands étaient en pleine marche sur Versailles, et, puisqu'on ne lui avait signalé que de la cavalerie, le général avait cent fois raison d'envoyer pour la refouler une force supérieure de la même arme qu'on venait de mettre à sa disposition, afin que, le rideau déchiré, on pût voir ce qu'il masquait.

Non content d'écrire, contre toute vérité, que la brigade de Bernis n'était pas appuyée par de l'artillerie, Certans ne craint pas d'ajouter qu'elle ne l'était pas non plus par de l'infanterie.

Mais, comment conçoit-il donc l'appui que cette arme peut et doit donner à la cavalerie de reconnaissance ?

Qu'on échelonne sur la route suivie par celle-ci des troupes d'infanterie destinées à lui servir de point d'appui, s'il lui arrive malheur, très bien ; c'était là une pratique constante en 1806 dans la Grande Armée où la cavalerie légère a toujours eu un soutien d'infanterie (MAILLARD, *Éléments de la Guerre*, p. 206 et 207); c'était bien là le rôle que jouait, par rapport à la brigade de Bernis, le 15ᵉ de marche installé à Plessis-Picquet. Un régiment d'infanterie, plus 2 compagnies de chasseurs à pied, en soutien d'une reconnaissance faite par 14 escadrons, c'est plus que suffisant; que veulent donc de plus les deux auteurs qui ont une manière si semblable de comprendre les opérations de guerre, qu'ils finissent par s'identifier au point de sembler ne plus faire qu'un.

Auraient-ils voulu que cette infanterie suivît pas à pas la cavalerie, afin de « lui couper les ailes », comme le dit si bien le colonel Maillard. C'est dans de telles conditions qu'avait été faite la reconnaissance du 11ᵉ chasseurs, le matin de Wissembourg : le bataillon de tirailleurs, adjoint au colonel d'Astugue, avait suivi tout le temps la cavalerie, « lui coupant les ailes », ce qui est une des raisons pour lesquelles cette reconnaissance avait été poussée si peu en avant du front. Serait-ce là par hasard le type rêvé par les écrivains que nous réfutons ?

Pourquoi n'avoir pas reproduit le texte donné par nous de l'ordre du général Ducrot au général de Bernis ? — Parce qu'on n'aurait pu écrire ensuite que « la combinaison du général Ducrot est un produit de l'imagination de Y. K. ».

Pourtant cet ordre figure tout au long dans la *Défense de Paris*.

Puis les notes et les souvenirs du général de Kerbrech, alors capitaine, qui fut chargé de les porter et de guider ensuite la brigade de Bernis sur le terrain qu'il venait de parcourir, sont, nous l'avons dit, entièrement d'accord avec notre récit. Aussi, Certans, pour plus de commodité, sans doute, a-t-il préféré n'en pas parler.

Quant à l'argumentation puérile sur la « détente du piège », nous avouons qu'elle nous a causé une douce gaieté; le général de Bernis avait un double but : 1° faire une reconnaissance destinée à avoir des renseignements plus complets sur la marche des colonnes ennemies ; 2° tenter un coup de main contre les quatre escadrons signalés.

Tout comme M. Duquet, qui fait toujours remonter au commandant en chef la responsabilité des plus petits incidents, Certans semble croire que c'est le général Ducrot qui a réglé le détail des opérations à exécuter par le général de Bernis et qui a indiqué comme masque le mur d'un des parcs au sud du Plessis-Piquet.

Mais non, le général indiquait dans son ordre le but à atteindre, donnait au général de Bernis les moyens d'action : « 14 escadrons, 1 batterie à cheval et 1 régiment d'infanterie comme soutien » ; quant à l'exécution, elle ne regardait que le commandant de la brigade de cavalerie, et c'est lui, qui, très judicieusement d'ailleurs, a pensé, se basant sur la direction dans laquelle les quatre escadrons ennemis avaient été signalés, que peut-être son escadron d'éclaireurs réussirait à les attirer à portée de sa brigade masquée et prête à charger[1] dans d'excel-

---

[1] Bien que Certans trouve que nous nous sommes « évertués à prouver que le meilleur moyen de surprendre quelqu'un c'est de se montrer ».

lentes conditions de nombre, de terrain et d'imprévu; mais après avoir attendu, rien ne se montrant, rien n'étant signalé par l'escadron d'éclaireurs, le général de Bernis n'a pas considéré sa mission comme terminée, et cela avec raison. N'ayant rien trouvé dans la direction de Verrières, il estima que les escadrons avaient dû continuer sur Montclain et la Cour-Roland, au lieu de monter au nord, à travers le bois de Verrières ou par la route de Bièvre à Petit-Bicêtre; alors il modifia sa combinaison en raison des circonstances et reprit sa marche pour tâcher de joindre cet ennemi qui ne venait pas à lui, comme il l'avait espéré : il appuya son escadron d'éclaireurs, et voilà pourquoi il explora tout le plateau jusqu'à Montclain.

Il y a donc, si on examine de près la marche de cette reconnaissance, deux parties distinctes : d'abord la position d'attente au Plessis-Piquet, ensuite la reprise de la découverte. Certans les a confondues l'une avec l'autre et il en a conclu que « le piège était détendu ».

Pas un mot de réponse d'ailleurs au passage où nous relevons l'inexactitude du récit de M. Duquet quant à la durée de la reconnaissance de la brigade de Bernis, et où nous établissons que cette brigade n'a nullement rebroussé chemin sur la redoute, devant le feu des fantassins allemands de l'Abbaye-aux-Bois, qui ne pouvait atteindre que l'escadron d'éclaireurs.

On voit donc combien l'écrivain du *Spectateur Militaire* a le triomphe facile, quand il s'écrie : « Voilà la première attaque de Y. K. repoussée », alors qu'il n'y a répondu que par des textes tronqués, des inexactitudes et des confusions.

Et, pourquoi aussi s'est-il abstenu de répondre un mot au reproche que nous avons adressé à M. Duquet, de n'avoir pas compris le dispositif de marche si remarquable, ordonné le 19 septembre au 14ᵉ corps par le général Ducrot, l'artillerie au centre, protégée par la cavalerie, les deux divisions en masses sur les ailes, couvertes par des groupes d'éclaireurs?

Il aura jugé qu'il était préférable de passer sous silence les pages 23, 24 et 25 de notre étude.

Y. K.

Attaque du bois de Verrières.

1° *Paris, le 4 septembre et Châtillon*, par M. Duquet. — « A six heures du matin, le brouillard se dissipe et l'on voit les Prussiens évacuer précipitamment le Pavé-Blanc et se réfugier derrière la Tuilerie, bâtiments élevés sur la route, entre le Petit-Bicêtre et le Pavé-Blanc. Les mobiles de la Seine, sous la vigoureuse impulsion du commandant de Vernou-Bonneuil, chassent les Allemands de la Tuilerie et les rejettent en désordre sur le bois de Verrières, *que nous remplissons de nos tirailleurs.* »

2° *Le combat de Châtillon*, par Y. K. — « Sur l'ordre du général Ducrot, une compagnie du 7ᵉ bataillon de mobiles de la Seine se porte sur la Tuilerie pour en chasser l'ennemi, mais elle s'arrête à 100 mètres de la route de Versailles, devant une fusillade très vive ; le chef de bataillon, sur l'ordre du général en chef, se porte à cette compagnie, l'enlève par son exemple, et les Allemands chassés de la Tuilerie regagnent le bois de Verrières.

« On a écrit qu'à la suite de cet incident *nous avons rempli le bois de nos tirailleurs.* L'erreur est manifeste. *On s'est basé sur le récit allemand* (page 56), où il est dit en effet « qu'un groupe « français, débouchant par le Pavé-Blanc, se prolongeait à l'est « de Petit-Bicêtre et jetait des nuées de tirailleurs dans le bois « de Verrières. »

« Remarquons d'abord que le récit de l'État-Major allemand est muet sur la prise de la Tuilerie par les mobiles, incident qui a suivi forcément le débouché de cette troupe par le Pavé-Blanc.

« Il y a là une première inexactitude ou plutôt une omission voulue pour ne pas avouer que des troupes prussiennes ont dû rétrograder devant une compagnie de mobiles.

« On se sert du mot « groupe » qui laisse dans le vague l'effectif des assaillants et, pour continuer la fiction et légitimer le mouvement de recul des siens, on imagine des nuées de tirailleurs qui remplissent le bois de Verrières.

« Notons d'abord qu'il n'en est question dans aucun rapport français. Puis, d'où seraient sorties ces nuées de tirailleurs ?

« Est-ce le bataillon de mobiles dont une compagnie vient d'enlever la Tuilerie ? Mais non, il n'a pas poussé au delà, puisque tout à l'heure il sera destiné à garder la Tuilerie pendant que le 19ᵉ de marche tentera cette attaque du bois de Verrières qui aurait été sans objet si ce bois avait déjà été rempli de nos tirailleurs.

Est-ce le 19ᵉ de marche? Évidemment non : dans l'attaque qui va suivre et dont la prise de la Tuilerie n'a été que le prélude, son premier bataillon partira de cette ferme, les deux autres restant en soutien à hauteur du Pavé-Blanc.

« Quant au reste de la division d'Hugues, il est en ce moment bien plus en arrière encore, à hauteur du cimetière du Plessis-Piquet. Ce ne sont pas davantage les francs-tireurs de la division qui vont se porter à l'attaque du bois de Verrières en même temps que le 19ᵉ de marche, et qui sont en arrière de la Tuilerie avec ce régiment. (*La Défense de Paris*, Tome Iᵉʳ, page 32).

« Nous le répétons : A quelle troupe pouvaient bien appartenir ces nuées de tirailleurs?

« Insinuer à la légère qu'après la prise de la Tuilerie, alors que le général en chef était présent sur les lieux, nous avons pu envahir en force le bois de Verrières, sans qu'on ait profité d'un pareil succès pour pousser immédiatement en avant toute la division d'Hugues, c'est vouloir relever dans la conduite des opérations une faute grave qui n'a pas été commise, et *il ne suffit pas de se baser, sans la discuter, sur une assertion aussi intéressée qu'inexacte du récit de l'Etat-Major allemand.*

« D'ailleurs, l'auteur de cette insinuation, qui a grand mal à se retrouver au milieu des incidents multiples du combat, et qui ne peut en reconstituer l'enchaînement logique, se réfute lui-même quand il écrit que, postérieurement à l'incident dont nous nous occupons, « le 19ᵉ de ligne (il devrait dire de marche) aborde « crânement l'extrémité nord-ouest du bois de Verrières. »

« Nous ne comprenons point qu'on ait à aborder un bois « qu'on « remplit de ses tirailleurs » depuis longtemps et, puisqu'on était en frais d'imagination, il fallait au moins inventer une évacuation préalable du bois de Verrières par nos nuées de tirailleurs, mais on n'y a pas songé.

« Donc, à la suite de la prise de la Tuilerie, *il ne fut pas poussé plus loin;* Petit-Bicêtre était sérieusement occupé, et l'on ne pouvait l'attaquer sans le faire canonner préalablement. »

3° *Le combat de Châtillon par* Certans. — « Un troisième reproche adressé à M. Duquet provient de ce qu'il a écrit que les Français, au commencement du combat de Châtillon, « ont chassé « les Allemands de la Tuilerie et les ont rejetés en désordre sur « le bois de Verrières *qu'ils ont rempli de leurs tirailleurs.* »

« Évidemment, *nous n'avons pas rempli le bois de nos tirailleurs ;* il suffit de savoir lire une carte pour être fixé à ce sujet et l'on ne trouvera pas dans *Paris, le 4 septembre, et Châtillon,* une phrase du récit du combat du 19 septembre qui ne soit en opposition avec cette assertion *prise à la lettre.* Pourquoi donc la rencontre-t-on chez un auteur ordinairement si exact ?

« *Parce qu'il l'a copiée dans le récit du grand État-Major prussien,* parce que dans ce récit cela ne veut pas dire que tout le bois était rempli de tirailleurs.

« Il résulte de la narration allemande et de la narration de M. Duquet, qu'elles ont simplement voulu dire : sont entrés dans le bois, *sans le remplir, bien entendu.*

« Cependant, bien que la pensée des auteurs prussiens et français soit bien claire, *l'auteur aurait dû modifier le passage allemand* et spécifier le mouvement en avant des Français en disant : « Les Français chassent les Allemands de la Tuilerie, et « les rejettent en désordre vers le bois de Verrières, *dont nous* « *remplissons les abords nord-est de nos tirailleurs.* » Mais c'est là *péché véniel pour un historien.*

« Satisfaction ainsi donnée à Y. K., nous continuons. S'il fallait en croire l'avocat du général Ducrot, les tirailleurs signalés par le récit du grand État-Major prussien, seraient le produit de l'imagination de M. de Moltke ; ce serait une « assertion aussi « intéressée qu'inexacte du récit de l'État-Major allemand. »

« Et Y. K. d'en conclure : « D'ailleurs l'auteur de cette insi- « nuation..... du bois de Verrières. » (Voir ci-dessus, page 151).

« Nous ferons observer au *stratège voilé* qu'il suffit de lire les récits du grand État-Major prussien et de M. Duquet, pour saisir que les tirailleurs contestés *avaient rempli seulement les abords nord-est du bois de Verrières, ce qui permettait au 19° de marche d'en aborder crânement les abords nord-ouest.*

« Il n'y a pas besoin *d'être grand clerc ès-sciences militaires pour lire cela dans un livre qui le démontre clairement,* et nous en aurons fini avec cette critique de Y. K., quand nous aurons dit qu'il est au moins curieux, pour ne pas dire divertissant, de le voir déclarer *que l'auteur des Grandes batailles de Metz, où Rezonville et Saint-Privat ont été pour la première fois* racontées avec une lumineuse clarté (!), « a grand mal à se retrouver au milieu « des incidents multiples du combat de Châtillon, et qu'il ne peut « en reconstituer l'enchaînement logique [1]. »

« Quand Y. K., le mystérieux Y. K., aura à son actif l'*OEuvre* de M. Duquet, on comprendra peut-être cette prétention de juger avec semblable désinvolture *les historiens contemporains;* mais jusque-là il fera bien d'être plus réservé et plus modeste, car son *Combat de Châtillon et l'Investissement de Paris* n'est pas encore le dernier mot de l'art, et nous estimons que c'est lui qui a grand peine, dans cette minuscule affaire, « à se retrouver au milieu des incidents multiples du combat et à en reconstituer l'enchaînement logique. »

Décidément, notre contradicteur nous fait la partie trop belle.

Et d'abord, on remarquera que les passages les plus probants de notre narration sont intentionnellement omis par lui : c'est donc une habitude.

Comme le demande M. Duquet, « *nous jugeons sur ce qui est écrit* » et non sur ce qu'on a « *simplement voulu dire* ». Oser prétendre que « *remplir un bois de ses tirailleurs* » est synonyme de « *entrer dans un bois, sans le remplir, bien entendu* », n'est-ce pas le comble de la plaisanterie?

Puisqu'il suffit de savoir lire une carte pour être fixé à ce sujet, que M. Duquet ne l'a-t-il lue avant d'écrire? Il serait bien plus concluant de répondre à notre énumération des forces françaises qui étaient en face du bois de Verrières, accompagnée de l'indication précise de leurs emplacements, et de nous dire, comme nous le demandions avec insistance, « à quelle troupe appartenaient ces nuées de tirailleurs. »

Pourquoi ne pas citer une seule de ces phrases de *Paris, le 4 septembre et Châtillon*, qui sont, paraît-il, « en opposition avec l'assertion de M. Duquet, prise à la lettre » et qui, quand cela serait, ne constitueraient qu'une contradiction de plus?

L'excuse qui consiste à expliquer une des erreurs de cet homme

---

[1] Il paraît que nous avions porté juste.

de lettres, perdu dans l'étude des événements de guerre à laquelle rien ne l'a préparé, en disant qu'il a copié la phrase incriminée dans le récit allemand, est sans valeur aucune. C'est précisément un des reproches les plus graves qu'on ait à lui adresser : il copie à droite et à gauche, sans se donner la peine de contrôler, ce qu'il n'est peut-être pas à même de faire, il faut bien le dire, et sans aucun souci de la vérité, tout comme il n'hésite pas à tronquer des documents dont certaines parties vont à l'encontre de ses appréciations.

Aujourd'hui, M. Duquet nous dit, ou nous fait dire par Certans, en manière de rectification, que nos tirailleurs « n'ont rempli que les abords nord-est du bois de Verrières », ce qui permettait, paraît-il, au 19e de marche d'en « aborder crânement l'extrémité nord-ouest. »

Cela n'est pas plus soutenable que la première version ; c'est une mauvaise défaite.

Contre cette deuxième version, toute notre argumentation basée sur le mutisme des rapports français, sur l'emplacement et la composition des différentes troupes qui ont pris part à cette affaire, demeure entière : *il n'y a pas été répondu*, et pour cause.

Est-il besoin de faire observer que de la Tuilerie aux abords nord-est du bois de Verrières, près de Malabry, il y a 900 mètres[1]. Comment admettre un tel bond de la part de nos tirailleurs après la prise de la Tuilerie ?

Certans oublie donc que, dès le début de son mouvement en avant, le 1er bataillon du 19e a dû *appuyer à gauche*, c'est-à-dire *vers l'Est*, pour ne pas masquer le feu de nos batteries (*La Défense de Paris*, Tome Ier, page 32. — *Le Combat de Châtillon*, par Y. K., page 29) ; qu'il a dû s'arrêter parce que de nombreux groupes ennemis paraissaient sur toute la lisière du bois et sur la route n° 186. Il ne se rappelle pas davantage que lors du renforcement du 1er bataillon par les 2e et 3e, *c'est contre les abords nord-est du bois de Verrières, vers Malabry, qu'ont été dirigées plusieurs compagnies, cherchant à tourner la droite ennemie ; ces compagnies furent accueillies par une fusillade terrible partant de cette lisière nord-est du bois de Verrières, qui n'était donc pas plus*

---

[1] Cette distance ne peut être mesurée exactement que sur le terrain ou sur la carte au 1/20000.

remplie de nos tirailleurs que le bois tout entier ; quelques groupes, *à ce moment seulement,* parvinrent à franchir la route de Malabry et à pénétrer dans le taillis où ils se soutinrent péniblement contre les compagnies du 47ᵉ prussien, jusqu'à l'arrivée du 3ᵉ bataillon de chasseurs bavarois.

Pendant ce combat contre les défenseurs des abords nord-est du bois de Verrières, d'autres unités du 19ᵉ de marche, la compagnie Barret entre autres, attaquaient la partie nord-ouest du bois et le Petit-Bicêtre, situé au sommet d'un étranglement de la lisière. N'est-il pas évident que Petit-Bicêtre n'aurait pas arrêté longtemps l'attaque de front des compagnies du 19ᵉ de marche, si, avant même que cette attaque se produisît, nous avions rempli de nos tirailleurs le bois vers Malabry. Pour qui sait ce qu'est le combat sous bois, il ne saurait y avoir de doute, et l'opiniâtreté de la résistance des Allemands à Petit-Bicêtre est une preuve de plus que rien ne les menaçait sur leur droite et que nos tirailleurs n'avaient pas pénétré dans la partie nord-est du bois.

Donc, quoi qu'en ait écrit Certans, tout n'est que confusion et contradiction dans cette partie du récit de M. Duquet, et nous avions bien le droit de le relever.

Certans paraît s'indigner, quand nous qualifions comme elles le méritent « les assertions aussi intéressées qu'inexactes » de l'État-Major allemand.

Dieu merci, nous ne sommes plus au temps où l'on acceptait comme parole d'évangile tout ce qui se trouve dans la relation officielle allemande au sujet de laquelle nous avons nettement formulé nos réserves dans l'avant-propos de *Châtillon.*

Le premier qui ait porté la sape dans ce monument, et de main de maître, est le colonel Bonnal, dans son étude sur Frœschwiller, où il nous a montré nos ennemis inventant pour les besoins de leur cause des réserves intactes, là où il n'y avait que des débris épuisés ; des travaux de fortifications, là où pas un coup de pioche n'avait été donné ; intervertissant l'ordre des événements pour légitimer certaines reculades, entre autres la fuite inqualifiable des masses allemandes à la fin de la bataille, devant le retour offensif des débris du 1ᵉʳ tirailleurs décimé l'avant-veille à Wissembourg ; allant même jusqu'à inventer un ordre de cesser le combat, soi-disant adressé au 11ᵉ corps bavarois, qui n'en avait certes pas besoin pour se sauver à toutes jambes, après son attaque infructueuse contre la division Ducrot.

Ici, pour un plus petit incident, nous avons trouvé le même système ; nous l'avons dévoilé, ce que n'avait pas fait M. Duquet.

Que dire de cette singulière idée de mettre en avant les *Batailles de Metz*, à propos du combat de Châtillon !

Évidemment, M. Duquet, homme de lettres, dont nous ne contestons pas les talents littéraires, s'est taillé un succès facile en racontant le drame de Metz ; il n'a eu qu'à reprendre le procès de Trianon, à l'agrémenter d'extraits empruntés aux nombreux ouvrages parus sur la matière, tels que ceux du général Deligny, des colonels d'Andlau, Fay, etc..., pour mettre à jour l'incapacité et la criminelle conduite du commandant en chef de l'armée du Rhin. Le canevas était fait, il n'a eu qu'à broder, et il l'a fait avec art. Certes, nous comprenons et nous respectons l'émotion qu'ont dû ressentir les malheureux Messins en lisant certaines pages réellement éloquentes de son récit. Au point de vue littéraire, c'est parfait ; au point de vue militaire, on y rencontre les mêmes fautes de jugement[1], la même incompétence, le même manque de connaissances spéciales : aucun enseignement ne se dégage de cette juxtaposition de textes réunis habilement par

---

[1] Voir dans les *Éléments de la guerre* du colonel (maintenant général) Maillard, l'appréciation que porte cet homme éminent sur les événements des 14, 16 et 18 août, et la comparer ensuite avec les conclusions formulées par M. Duquet, entre autres à propos des conséquences du combat de Borny et de l'opportunité, pour le IIIe corps allemand, d'attaquer le 16 l'armée française.

Au sujet de cette attaque, que M. Duquet considère comme une folie, le colonel Maillard conclut : « Quel nom donner à l'opération prescrite aux IIIe et Xe corps par l'ordre du 15 août pour le 16 « marcher sur Saint-« Hilaire et sur Mars-la-Tour et attaquer l'ennemi où on le rencontrerait ». N'est-ce pas là une opération d'avant-garde ? L'événement a eu lieu tout autrement qu'il n'avait été prévu ; mais le fait est là ; la bataille de Rezonville a achevé d'immobiliser l'armée française ; alors toute l'armée allemande, orientée sûrement, a mis le cap sur un point fixe. *Qui ne comprend pas cette attaque ne comprend pas la guerre, la guerre aux forces organisées.* Nous sommes même convaincu que si le prince Frédéric-Charles avait connu la situation vraie, c'est-à-dire la présence de toute l'armée française sur le plateau de Rezonville, il eût attaqué quand même. Venu de sa personne à Gorze, il eût mis quelque forme dans son attaque ; il eût attendu, sans doute, que les camps fussent levés ; mais à ce moment, il eût attaqué pour nous arrêter et donner à son armée le temps d'arriver. »

d'excellentes compositions de style ; rien de nouveau, rien d'original.

Aussi nous demandons-nous comment Certans a osé écrire que M. Duquet avait le premier raconté, avec une lumineuse clarté, Rezonville et Saint-Privat. Le premier et le seul en France qui ait atteint ce résultat, le premier qui ait tiré de ces événements les conclusions qu'ils comportent est le général Maillard.

« Ce sera le grand honneur du lieutenant-colonel Maillard, écrivait le lieutenant-colonel Bonnal en 1888, d'avoir le premier disséqué en quelque sorte la bataille moderne par excellence : Saint-Privat, et après avoir mis à nu toutes ses fibres, d'avoir fait la synthèse des enseignements qu'elle comporte.

« L'étude de Saint-Privat restera comme un modèle de dissertation militaire ; elle est aussi et surtout une leçon pour les jeunes officiers, avides de venger la honte de leurs aînés. »

Ceux qui sont à même de comprendre l'étude si puissamment conçue du colonel Maillard, n'ont que faire d'un roman sur le même sujet.

Combat devant La Garenne. — Zouaves. — Division de Caussade.

1° *Paris, le 4 septembre et Châtillon*, par Alfred Duquet. — « L'affaire est donc bien engagée ; il ne s'agit que de ne pas faiblir et de pousser vivement les Prussiens ébranlés. Malheureusement, le général Ducrot ne fait pas soutenir l'avant-garde du général de Caussade, composée d'un bataillon du 17e de ligne. Au moment où ce bataillon va s'emparer de La Garenne, le restant de la division ne quitte pas la lisière du bois de Meudon, où les balles prussiennes les refoulent chaque fois que nous tentons de marcher en avant, ce qui ne serait pas arrivé si le général Ducrot avait fait filer sur la gauche de l'ennemi, par Dame-Rose, un régiment de la brigade de Bernis, escortant une ou deux batteries ; se sentant ainsi menacés, les Prussiens n'auraient tenu ni à La Garenne ni à Villacoublay. En cas de danger, la retraite était toujours assurée par le bois de Meudon dont les nombreux chemins sont très praticables. Mais le général en chef *préférait entasser ses canons les uns sur les autres* entre Trivaux et le Pavé-Blanc et laisser sa cavalerie se morfondre en arrière, en attendant qu'elle disparût pour ne plus s'arrêter qu'au centre de Paris. De plus, pourquoi la division de Maussion reste-t-elle immobile à Bagneux? Cette attitude va permettre au II⁰ corps bavarois *de se porter tout entier sur le lieu du combat et d'écraser nos jeunes troupes qui se battent devant le Petit-Bicêtre.* »

Panique des zouaves et de la division de Caussade.

« Mais, vers 7 h. 1/2, des cris affreux se font entendre sur notre droite; ce sont les zouaves qui, non loin de la ferme de Trivaux (de Dame-Rose), ont été effrayés par quelques obus tombés à proximité. Le général Ducrot et son état-major essaient en vain de ramener au feu ces affolés. Un nouvel obus qui éclate au milieu d'eux détermine un sauve-qui-peut général, et, non moins bons coureurs que mauvais combattants, ces malheureux ne s'arrêtent qu'à Paris où ils se crient trahis. »

(Suit une deuxième version de cette panique, extraite de Le Faure, et dont les détails ont été puisés chez M. Ballue. On remarquera que dans cette version, il n'est même pas question de l'intervention du général en chef, dont le souvenir doit être en effet resté bien cuisant pour certains officiers qui n'étaient pas précisément, à ce moment, ce qu'ils devaient être, et dont quelques-uns, à Sedan déjà, avaient reçu de durs reproches du commandant du 1ᵉʳ corps à cause de leur attitude.)

« ...Malgré la honteuse défection des zouaves, la division de Caussade ne faiblit pas encore; mais elle ne va pas tarder à se débander, quand le bataillon qu'on avait laissé seul aux prises avec les Prussiens devant La Garenne, se replia précipitamment sur le gros de la division [1]. »

2º *Le Combat de Châtillon*, par Y. K. — « Au moment où le général de Caussade avait, sur l'ordre du général en chef, porté le 1ᵉʳ bataillon du 17ᵉ en avant, quelle était la situation des Allemands?

---

[1] Pourquoi passer sous silence les efforts du général Ducrot pour arrêter le mouvement de recul des troupes du général de Caussade et les reporter en avant? Parce que cette intervention, *qui a eu lieu sur le plateau même*, ne saurait se concilier avec l'affirmation, contraire à toute vérité, que la division de Caussade n'a pas quitté la lisière du bois de Meudon.

« D'après la relation allemande, le général de Sandrart avait dirigé, de Montclain sur Villacoublay, le régiment de grenadiers du roi n° 7, le 5° bataillon de chasseurs, 2 escadrons de dragons et 2 batteries lourdes de la 9° division, lesquelles prirent position des deux côtés de Villacoublay, *tandis que le régiment de grenadiers s'étendait dans la partie ouest du bois de Meudon.*

« La 17° brigade était en réserve auprès de Montclain, prête à donner un appui s'il en était besoin.

« Or, nous lisons dans le dernier récit publié sur Châtillon :
« L'affaire est donc bien engagée… escortant une ou deux bat-
« teries. » (Voir ci-dessus, p. 271.)

« Et tout fier de cette heureuse combinaison qu'il vient de trouver, l'auteur continue : « Se sentant ainsi menacés, les Prus-
« siens n'auraient tenu ni à La Garenne ni à Villacoublay. » Et il achève en disant : « En cas de danger… d'écraser nos jeunes
« troupes qui se battent devant le Petit-Bicêtre. » (Voir ci-dessus, p. 271-272.)

« Il suffit de jeter les yeux sur la carte pour se convaincre de l'impossibilité absolue qu'il y avait de faire filer sur la gauche ennemie une ou deux batteries auxquelles la cavalerie n'eût fourni qu'une mince protection contre une fusillade à bonne portée.

« Exposées à courte distance, *dans un mouvement de flanc qui n'aurait même pu s'achever, au feu du régiment de grenadiers et des deux batteries lourdes de la 9° division, elles n'eussent même pu tirer un seul coup de canon; il leur eût fallu se dérober au plus vite par le bois de Meudon, sous peine d'être entièrement détruites avec leur escorte.*

« Loin de pouvoir menacer la gauche ennemie, notre droite s'était trouvée au contraire débordée, dès le début du mouvement, *par la disparition du régiment de zouaves qui, dans l'ordre du général Ducrot, devait marcher sur Dame-Rose, et de là sur Vélizy, pour couvrir notre extrême droite en échelon débordant.*

« Cela résulte en outre de la lecture de la relation allemande (p. 67), parfaitement en concordance avec les rapports français, et dans laquelle on lit : « A l'aile droite française, *le 17° et le*
« *18° régiments de marche, de la division de Caussade, s'étaient*
« *déployés au sud du bois de Meudon; le 16° demeurait comme*
« *réserve au débouché de la large allée du parc; mais criblées*

« *d'une grêle de balles dans leur mouvement contre le bois de La*
« *Garenne, et sérieusement menacées en même temps dans leur*
« *flanc droit*, ces jeunes troupes hésitent, puis reculent, et l'in-
« tervention du général Ducrot est elle-même impuissante à les
« ramener en avant. »

« Où a-t-on pu prendre que pendant la marche du 1er bataillon du 17e, *le restant de la division de Caussade n'avait pas quitté la lisière du bois de Meudon ?*

« La ferme de Trivaux, derrière laquelle le 16e de marche est resté en réserve, *est à plus de 100 mètres au sud de la lisière du bois;* puisque deux bataillons du 17e et du 18e ont dépassé cette réserve, il faut donc bien qu'ils aient quitté cette lisière. D'ailleurs, il tombe sous le sens que s'ils y étaient restés, leur droite n'eût pas été menacée par le régiment de grenadiers, dont le mouvement dans la partie ouest du bois de Meudon avait été arrêté à hauteur de Dame-Rose.

« Les rapports français et l'extrait de la relation allemande cités plus haut s'accordent parfaitement et conduisent aux mêmes conclusions.

« Enfin, nous avons vu que c'était au moment où elle allait renforcer la première ligne, que la deuxième ligne de la division de Caussade avait été ramenée en arrière par la retraite de celle-ci.

« On voit donc combien peu est fondé le reproche adressé au général Ducrot de n'avoir pas fait soutenir l'avant-garde de la division de Caussade.

« En outre, dans la version que nous réfutons, la panique des zouaves et l'attaque de Villacoublay sont présentées comme deux incidents du combat sans relation entre eux, alors qu'en réalité ils se sont produits simultanément à peu de distance l'un de l'autre, et que le premier a eu une influence considérable sur le second.

« Car, il ne faut pas l'oublier, au moment où le 1er bataillon du 17e de marche engage son feu avec les tirailleurs prussiens postés à la lisière du bois de La Garenne, *à ce moment précis, le général Ducrot n'est plus là ;* il a dû se porter en toute hâte vers le régiment de zouaves dont on entend les hurlements et qui est en pleine débâcle, débâcle qui peut se généraliser et qu'il faut arrêter à tout prix.

« Quand il revient vers La Garenne, il ne s'agit plus de renforcer ; le 1ᵉʳ bataillon du 17ᵉ s'est replié avant d'attendre les renforts qui allaient vers lui et qu'il entraîne dans sa retraite ; devant l'attitude des troupes, il faut renoncer à tout mouvement offensif et regagner les positions du matin.

« Une fois de plus, le reproche adressé au général Ducrot est sans fondement ; d'ailleurs, il commande en chef ; il a donné l'ordre à un commandant de division de s'emparer d'un objectif défini ; le commandant de division a ses régiments en main : le général en chef, dont la présence est réclamée impérieusement sur un autre point, peut s'éloigner sans se préoccuper de questions de renforcement qui dépendent de la marche du combat et qui *sont du ressort du colonel dont le premier bataillon est engagé et qui a les deux autres en réserve à moins de 400 mètres en arrière.*

« Il faut se faire une bien singulière idée du commandement en chef pour croire qu'il consiste à intervenir dans de telles questions de détail ; sans doute, avec les troupes qui composaient le 14ᵉ corps, le général Ducrot intervint dans la direction du combat, faisant en quelque sorte l'office de propulseur plus qu'il n'aurait voulu le faire et plus qu'il ne l'eût fait avec d'autres éléments.

« *Mais cela n'autorise pas la critique à faire remonter jusqu'à lui la responsabilité des fautes de détail que l'on peut relever dans la conduite d'un bataillon ou d'un régiment, si tant est qu'elles se sont produites.*

« Venons maintenant à la critique dirigée contre le général en chef « d'avoir entassé ses canons les uns sur les autres, entre « Trivaux et le Pavé-Blanc. » N'en déplaise à son auteur, il n'y avait pas de meilleur emploi à en faire ; cette action de l'artillerie en masse, les Allemands l'ont pratiquée depuis le commencement de la guerre, à Wœrth, à Rezonville, à Saint-Privat ; nous, nous avons oublié cet enseignement des guerres napoléoniennes ; pour la première fois, si l'on excepte la batterie de 54 pièces, réunie par le général Bourbaki, le soir du 16 août, nous voyons l'artillerie française agir par masses, concentrer ses feux, et grâce à cette tactique, tenir tête à l'artillerie allemande et même la dominer.

« Nous n'insisterons pas sur l'excellence de cet emploi judicieux de l'artillerie qui fait, au contraire, le plus grand honneur au chef qui l'a ordonné, à une époque où nos ennemis étaient seuls à la pratiquer. De fait, dès 1870, le général Ducrot opérait *en conformité des méthodes aujourd'hui admises*, supprimant l'échelon d'artillerie de réserve et engageant tous ses canons dès le début et ensemble, au lieu de les faire écraser successivement et en détail.

« Quant à la division de Maussion, immobile à Bagneux, encore une fois, tous les événements que nous avons retracés se sont écoulés en moins d'une heure et demie ; il en résulte, jusqu'à l'évidence, que l'offensive est impossible avec de pareilles troupes ; leur faiblesse est *telle qu'on ne pouvait la soupçonner*. On vient de constater l'impuissance de la division d'Hugues contre Petit-Bicêtre, et de la division de Caussade contre La Garenne, malgré l'appui de 60 pièces, et cela contre de simples avant-postes. Et c'est alors qu'on enverrait à la division de Maussion l'ordre d'attaquer quoi ? Bourg-la-Reine et Sceaux, c'est-à-dire des obstacles insurmontables pour nos jeunes troupes et hors de proportion avec leurs effectifs et leur qualité.

« La division de Maussion, ayant détaché un régiment à la redoute et un bataillon à Fontenay, ne comptait plus que 8 bataillons. N'oublions pas qu'à 8 heures du matin, heure à laquelle eût pu se produire cette offensive, la 5ᵉ brigade bavaroise était déployée au sud-est de Châtenay, que la 4ᵉ division bavaroise, avec l'artillerie de réserve, débouchait entre Antony et la Croix-de-Berny.

« Sceaux était déjà occupé par le 6ᵉ régiment ne précédant que de très peu la 5ᵉ brigade.

« Le sort d'une attaque de la division de Maussion, dans de telles conditions, était facile à prévoir ; elle eût été refoulée en désordre, débordée sur sa gauche, et il eût suffi ensuite d'une seule brigade allemande pour l'observer et la tenir en respect, bien heureux si l'ennemi, profitant du désordre de notre retraite n'avait pas réussi, en poursuivant nos troupes, à s'emparer de Bagneux et de Fontenay, *positions devant lesquelles il s'immobilisa au contraire toute la journée*, et qu'il n'osa aborder que fort tard, quand elles furent évacuées.

« *Car il est entièrement faux* « *que le IIᵉ corps bavarois, libre* « *de preoccupation du côté de Bourg-la-Reine, se soit porté en*

« *entier sur le lieu du combat*, pour y écraser nos jeunes troupes
« devant Plessis-Piquet. » *Celui qui a écrit ces lignes a rêvé.*

« *La 4e division bavaroise (7e et 8e brigades) n'a pas quitté
Bourg-la-Reine et Châtenay*, pas plus que la réserve d'artillerie,
la 7e brigade s'étant bornée à étendre sa gauche jusqu'à Fontenay, *après notre retraite.*

« En résumé, le général Ducrot fit sagement en ne prescrivant
pas à la division de Maussion une offensive [1] qui eût été désastreuse pour elle et dont le seul résultat eût été de découvrir notre
gauche. La vérité est qu'à cette heure, il n'y avait pas de combinaison tactique, si excellente qu'elle fût, et ce n'est pas le cas
de celles que nous venons de discuter, qui pût pratiquement
réussir; l'instrument d'exécution manquait, on venait d'en faire
la douloureuse constatation, et rien ne pouvait relever le moral
de nos jeunes troupes pour les mettre à même de continuer leurs
attaques.

3° *Le Combat de Châtillon*, par Certans. — « Mais revenons
aux critiques de Y. K. : « Or, nous lisons dans le dernier récit
publié sur Châtillon..... qui se battent dans le Petit-Bicêtre. »
(Voir ci-dessus, page 273.)

« Et Y. K., dans une longue discussion, soutient qu'il était
impossible de faire filer un régiment de cavalerie et une batterie
par Dame-Rose, que la division de Caussade avait dépassé tout
entière la lisière du bois de Meudon, que le général Ducrot a eu
raison d'entasser ses canons sur le plateau, et qu'il n'a pas eu
tort de laisser la division de Maussion immobile à Bagneux.

« Nous répondons qu'il y a des milliers d'exemples à la guerre,
de cavalerie et d'artillerie opérant un mouvement plus dangereux que celui qu'auraient exécuté deux ou trois escadrons de la
brigade de Bernis et une batterie d'artillerie, et que la probabilité d'avoir à essuyer *quelques coups de fusil* n'est pas suffisante
pour déclarer que le mouvement était impossible, car, sur les

---

[1] En fait, au début de l'action, la division de Maussion était considérée
comme *réserve générale*; elle était échelonnée derrière la gauche, couvrant le
flanc gauche des troupes engagées sur le plateau ; le but fut pleinement atteint
puisqu'elle immobilisa une division ennemie. Si l'attaque des divisions de
Caussade et d'Hugues avait réussi, la division de Maussion à son tour se
fût portée en avant.

champs de bataille, on est exposé à recevoir des balles ; s'il fallait supprimer toute manœuvre où l'on risquerait d'en entendre siffler autour de ses oreilles, il serait plus simple de ne pas sortir de la caserne.

« Nous pensons que cette démonstration du côté de Dame-Rose[1], avec la retraite assurée par les nombreux chemins du bois de Meudon, aurait rendu les Prussiens circonspects et singulièrement facilité l'enlèvement de La Garenne.

« Faut-il s'occuper de la chicane relative au mot avant-garde[2]. Y. K. ignore peut-être que *maintenant ce mot est employé pour exprimer le mouvement en avant des premières lignes d'une troupe combattante;* mais nous ne nous arrêtons pas à de pareils enfantillages : *la division de Caussade arrivait de Paris*[3], *les premières compagnies ont attaqué l'ennemi;* M. Duquet les a appelées avant-garde; tout le monde a compris ce qu'il a voulu dire; tant pis pour Y. K. s'il n'a pas fait comme tout le monde.

« Mais la division de Caussade a-t-elle quitté tout entière le bois de Meudon? — Oui, dit Y. K[4]. — Non, soutient M. Duquet.

« Nous avons interrogé à cet égard des témoins oculaires[5], voici leur réponse : « La division de Caussade était très nerveuse « et mal impressionnée, prête à toutes les défaillances. Dans sa « marche en avant, à partir de la porte de Châtillon, nombre « d'hommes se jetèrent sur la droite et cheminèrent dans les « bois. A Trivaux, ce fut bien autre chose; plus des trois quarts « des compagnies se tenaient dans les premiers bouquets de « bois; aussi le chiffre des hommes qui se risquèrent en plaine, « vers la porte de Trivaux, La Garenne et la porte de Verrières, « ne saurait être évalué à plus d'un quart de l'effectif. » Voilà, *sans doute,* pourquoi l'auteur a écrit *que le restant* de la division n'avait pas quitté la lisière du bois de Meudon[6]. Quant à feindre de croire qu'il pense que *le général Ducrot a eu tort de ranger*

---

[1] Occupée par le régiment de grenadiers.

[2] *Dans une note,* nous disions que le terme d'avant-garde appliqué au 1er bataillon du 17e, était un terme impropre, cette appellation étant spéciale aux troupes en marche.

[3] C'est absolument erroné.

[4] En s'appuyant sur des documents et sur des preuves indiscutables.

[5] Certans a omis de les désigner.

[6] Subterfuge curieux pour tenter de donner le change sur les erreurs que l'on a entrepris de défendre.

ses *canons sur le plateau*, il suffit de lire *Paris, le 4 septembre et Châtillon* pour comprendre qu'au contraire il approuve cet emploi de l'artillerie[1].

« Seulement, il croit qu'on aurait pu en distraire une batterie ; ce n'est pas un regret inexplicable ou absurde, c'est l'opinion de militaires compétents.

« Enfin, quant à l'offensive de la division de Maussion, nous pensons avec M. Duquet que la simple apparition de cette division en avant de Fontenay, sans même qu'elle abordât Bourg-la-Reine et Sceaux, aurait suffi pour empêcher les Bavarois de pousser sur Malabry et Plessis-Piquet. Cela résulte de l'examen de la carte et des positions des deux partis, à 7 heures 1/2 du matin.

« Où Y. K. a raison, c'est quand il soutient que le IIe corps bavarois *tout entier* ne s'est pas présenté devant le Plessis-Piquet. Il ressort de la lecture de *Paris, le 4 septembre et Châtillon*, que *divers détachements* du IIe corps bavarois sont restés en observation à Châtenay et à Bourg-la-Reine et l'auteur, en mentionnant les régiments ennemis qui attaquèrent le Plessis-Piquet, exclut par cela même ceux qu'il ne nomme pas.

« *Il a probablement voulu dire* que le IIe corps bavarois tout entier *aurait pu*, grâce à la neutralité de la division de Maussion, se porter contre le Plessis-Piquet, ainsi qu'il suit de cette phrase : « L'autre division menace le 15e de marche du côté de Sceaux. » Et c'était vrai[2].

« Il faut donc entendre par le mot *tout entier*, *la plus grande partie*[3] du IIe corps bavarois ; c'est une expression qui a échappé à l'auteur, une expression relativement[4] impropre, et nul doute

---

[1] Ici Certans renvoie en note à la page 183 du récit de M. Duquet où l'emploi de nos pièces est simplement relaté d'après des extraits de certains documents, mais sans appréciation aucune sur cet emploi.

A qui Certans fera-t-il croire que cette phrase : « mais le général en chef préférait entasser ses canons les uns sur les autres », venant après une conception différente, émise par M. Duquet, de l'usage qu'il y avait à faire de nos pièces le 19 septembre, est une phrase d'approbation ?

[2] Nous avons prouvé dans notre étude sur Châtillon que cela était complètement erroné. Il n'a pas été répondu à nos arguments et aux preuves apportées.

[3] Même pas *la moitié*, comme on l'a vu dans *Châtillon*, par Y. K.

[4] Absolument serait mieux.

qu'avec l'amour de la netteté et de la vérité que nous lui connaissons, *il ne rectifie cette expression à la prochaine édition*, de même qu'il ne dira plus que les tirailleurs français remplissaient le bois de Verrières, mais les abords nord-est de ce bois [1]. »

Le rapprochement des textes pourrait suffire, sans commentaires. Il n'y a pas lieu de revenir sur ce qui est acquis puisque Certans ne répond rien, absolument rien, aux passages que nous avons consacrés à exposer dans quelles conditions s'est effectuée l'attaque de La Garenne, la relation entre la panique des zouaves et celle de la division de Caussade, le rôle du général en chef. Tout comme M. Duquet, Certans ne tient aucun compte de l'emplacement respectif des forces françaises et allemandes, des effets du feu dans des conditions déterminées, sur un objectif défini ; il se borne à répondre par quelques plaisanteries, absolument sans rapport avec les points en litige, comptant bien que le lecteur n'aura sous les yeux que son texte et s'y laissera prendre.

Que dire du tableau, fait par notre contradicteur, du débouché de la division de Caussade sur La Garenne ? Quand on a écrit *qu'en dehors du bataillon du 17ᵉ chargé de la première attaque contre cette localité, le restant de la division de Caussade n'a pas quitté la lisière du bois de Meudon*, il fallait répondre à notre indication très nette de l'emplacement des différentes troupes de cette division, bien en avant de la lisière sud du bois, d'après les rapports français et allemands en parfaite concordance, et non éviter le débat et dire, sans respect pour le lecteur, que par cette expression « *restant de la division* » on voulait simplement parler des défilés, des embusqués, que l'on évalue aux trois quarts de l'effectif, avant tout engagement.

Notez d'ailleurs que c'est là, dans toute la force du terme, une explication après coup : M. Duquet n'avait soufflé mot de ces débandés avant le combat, ils n'ont été inventés qu'en vue de la justification d'une thèse insoutenable.

De même, les mots si nets « *tout entier* » signifiant maintenant *la plus grande partie*. Mais en pareils sujets on doit citer les bataillons, les régiments, produire ses sources et ne pas employer

---

[1] Ce qui ne sera pas plus exact, nous l'avons démontré.

d'expressions prêtant à l'équivoque comme « *la plus grande partie* », quand il a été prouvé que cinq bataillons bavarois sur douze ont pris part à l'attaque de Plessis-Piquet, et que l'artillerie de réserve n'y a pas participé.

Deux mots de la « chicane » relative au mot « avant-garde ».

Nous avions relevé dans une note cette expression improprement appliquée au bataillon du 17e, de la division de Caussade.

Certans commence par répondre que cette division arrivait de Paris ; mais c'est entièrement erroné : le 17 elle était entre Clamart et Châtillon, le 18 elle occupait le bois de Meudon, où elle passa la nuit du 18 au 19.

Si Certans, contre toute vérité, car il ne peut ignorer les événements à ce point, la fait venir de Paris, c'est pour légitimer, par un faux-fuyant, ce terme d'avant-garde, parce que dans ce cas il y aurait eu marche proprement dite, puis engagement des fractions marchant en tête, de l'avant-garde : « La division de Caussade arrivait de Paris, dit-il, *ses premières compagnies ont attaqué* l'ennemi ; M. Duquet les a appelées avant-garde ; tout le monde a compris. . . . . »

S'il en avait été ainsi, M. Duquet aurait eu raison de les appeler avant-garde.

Mais rétablissons les faits : la division de Caussade a couché dans le bois de Meudon ; elle en a débouché en formation préparatoire de combat, groupée, à droite de l'artillerie, *précédée par les francs-tireurs de la division* qui éclairaient la marche et *auxquels seuls on aurait peut-être pu appliquer avec exactitude le terme d'avant-garde ; le bataillon du 17e faisait partie du gros.*

Vers 6 heures un quart les éclaireurs ayant échangé des coups de feu avec les tirailleurs prussiens, la division s'arrête.

Le général en chef arrive, lui fait reprendre la marche en avant, et comme La Garenne semble assez fortement occupée, *il prend un bataillon dans le gros* et lui ordonne d'attaquer cet avant-poste ennemi.

Si ce bataillon peut être appelé avant-garde, sans faire une erreur de terminologie, nous ne savons plus ce que parler veut dire. Dans toute science, les termes techniques ont un sens précis, et les employer à tort et à travers ne saurait constituer une preuve de savoir et de compétence.

Certans peut se rassurer : il nous arrive assez souvent de

recevoir ou de rédiger des ordres de mouvement pour connaître l'extension donnée aujourd'hui au mot avant-garde; mais jamais cela n'a été au point de qualifier d'avant-garde une troupe dans la situation du 1er bataillon du 17e à l'attaque de La Garenne.

Nous admettrions volontiers que cette « chicane » n'a pas grande importance, si la façon dont s'exprime M. Duquet ne prouvait, une fois de plus, que les conditions dans lesquelles a eu lieu le combat devant La Garenne lui ont échappé, comme, du reste, la formation préparatoire du 14e corps.

Abandon de Clamart par la division de Caussade.

1° *Paris, le 4 septembre et Châtillon*, par Alfred Duquet. — « Un bien autre déboire que la retraite de la division de Maussion attendait le général en chef. *Ayant négligé de se maintenir en communication constante avec le général de Caussade*, il est tout étonné d'apprendre que ce général a, sans aucun ordre, abandonné son poste. Clamart est si bien évacué qu'on n'y voit plus de trace de la 1re division.

« Le général Renault, qui part à la découverte, n'est pas plus heureux que les officiers du général Ducrot; on n'aperçoit les régiments du général de Caussade ni à Clamart, ni à Issy, ni ailleurs; *ils se sont, dès 11 heures*, enfuis avec la rapidité du cerf et le général de Caussade, loin de les retenir, est rentré à Paris au milieu de ces braves.

« La droite du général Ducrot avait été découverte bien avant que sa gauche fût abandonnée et c'est près de deux heures après sa défection[1] que ce commandant en chef, *trop distrait*, en est informé, si bien que, lorsqu'il songe à donner un ordre à la division de Caussade, on ne la distingue pas, même à l'horizon. »

2° *Le Combat de Châtillon*, par Y. K. — « Depuis sa retraite, la division de Caussade n'ayant pas été inquiétée par l'ennemi, n'ayant pas eu à soutenir de nouveaux engagements, avait dû, *en exécution des ordres du général en chef, occuper Clamart*, s'y

---

[1] Où M. Duquet prend-il deux heures, puisque c'est à midi que le général Ducrot a connu la disparition de la 1re division qui est partie, non d'elle-même, comme on le croirait d'après son récit, mais sur l'ordre de son chef.

retrancher, s'y réorganiser à l'abri des projectiles et y attendre les événements.

« Aussi, quel ne fut pas l'étonnement de l'officier d'état-major *envoyé pour communiquer au général de Caussade les instructions du général en chef*, en trouvant Clamart évacué.

« Cette nouvelle rapportée au général Ducrot ne trouve d'abord que l'incrédulité ; comment admettre qu'une division *a abandonné sans ordres, et sans y être attaquée*, une position qui lui a été assignée ?

« On envoie à Issy, à Clamart, à Californie ; on n'y rencontre pas un homme de la division de Caussade.

« Le doute n'est plus permis : cette division a dû rester dans Paris. Notre droite n'est plus couverte que par quelques centaines de zouaves, maintenus à Meudon par le commandant Lévy et par le capitaine Jacquot ; encore le général en chef l'ignore-t-il.

« Dans l'enquête qui a eu lieu plus tard, le général de Caussade a déposé que « vers 11 heures, n'entendant plus le canon et « voyant la route couverte de fuyards, il avait cru le plateau « évacué et que, craignant d'être enveloppé, il avait ramené sa « division à Paris ».

« Ce sont là, évidemment, les motifs qui ont déterminé le chef de la 1re division à se retirer ; mais comment ne lui est-il pas venu d'abord à l'idée d'envoyer voir à la lisière des bois où il n'aurait jamais dû cesser d'avoir des postes d'observation. Il fallait pour cela quelques minutes, et on lui aurait appris que la redoute était toujours occupée, ainsi que ses abords, que le plateau n'était nullement abandonné et que l'ennemi n'était même pas menaçant.

« Puis, en admettant même le premier mouvement d'effarement, pourquoi ne pas s'arrêter derrière le fort d'Issy ? Quel danger pouvait obliger le général de Caussade à pousser jusqu'en arrière de l'enceinte ?

« S'il eût limité son mouvement au fort d'Issy, on eût pu le retrouver et le reporter à temps à Clamart.

« Croirait-on qu'on a essayé de faire remonter en partie la responsabilité de ce déplorable incident au général Ducrot, qui aurait négligé de se maintenir en communication constante avec le général de Caussade ?

« Qu'est-ce que cela veut bien dire ?

« Quoi, le général en chef est à la redoute, et la 1ʳᵉ division à Clamart, à moins de 1 kilomètre ; elle n'est *ni attaquée, ni même menacée* pour le moment ; *et dans de telles conditions*, le général en chef serait tenu de s'occuper de l'éventualité d'une retraite de cette division dont le chef a reçu de lui-même l'ordre de tenir à Clamart !

« *Si le bruit du combat se fût fait entendre* vers ce village, le général Ducrot s'y fût porté, ou eût envoyé aux renseignements comme il l'avait fait sur le plateau dans la matinée ; *mais tout est dans le calme ;* on n'entend pas un coup de feu ; dans ces conditions, nous le répétons, le général en chef qu'on a voulu nous représenter comme *trop distrait*, n'avait aucune préoccupation à avoir du côté de sa droite, et de la redoute où il parait au plus pressé, il n'y avait pas lieu de tenir avec elle des communications constantes.

« Quand un corps opère à grande distance du commandant en chef, celui-ci détache près du commandant de ce corps un officier de son état-major ; mais il n'y a nullement lieu d'agir ainsi pour des fractions placées sous la main et à très courte distance du général en chef : aucun état-major n'y suffirait. Le 16 juin 1815, l'Empereur envoie au maréchal Ney, aux Quatre-Bras, son aide de camp, le comte de Flahault, avec ordre de demeurer toute la journée près du Maréchal ; mais il n'a personne auprès des commandants de corps qui combattaient à Ligny sous ses ordres directs.

« Des événements comme la retraite de la division de Caussade sont en dehors de toutes les probabilités, et quand ils se produisent, ils déroutent toutes les prévisions : on n'est en droit de reprocher à personne de ne pas les avoir prévus. »

3º *Le Combat de Châtillon*, par CERTANS. — « Dans son livre, après avoir raconté l'abandon de son poste par la division de Caussade, M. Duquet a reproché au général Ducrot de n'avoir appris cette défection que tardivement, et a prétendu que, placé à quelque distance de cette division, « il a eu le tort de ne pas se « tenir en communication constante avec elle ». Y. K. trouve cette prétention exorbitante. Comment, un général saurait toujours ce que font ses troupes ; il saurait où elles sont ? Quelle pitoyable idée se fait-on de la guerre ?

« Si ces troupes étaient « à une grande distance du commandant en chef », cela se comprendrait ; mais quand « elles sont placées sous sa main, et à très courte distance », *elles peuvent quitter le champ de bataille*, et le général en chef n'est pas fautif s'il s'aperçoit de cette fugue 2 ou 3 heures après qu'elle est consommée !

« Voilà ce qu'écrit sérieusement le docteur ès-sciences militaires qui affecte un si grand dédain pour un historien comme l'auteur des *Grandes Batailles de Metz !*

« Ce ne serait vraiment pas la peine de répondre.

« Cependant nous déclarons que, de près ou de loin, le général en chef doit toujours être au courant de l'action, qu'il doit connaître l'emplacement de ses fractions de corps ou d'armée. C'est grâce au soin avec lequel les grands capitaines se renseignent sur *le sort de leurs régiments* pendant le combat qu'ils ont remporté leurs victoires. Que M. de Moltke, le 18 août 1870, n'ait pas su à Gravelotte ce qui se passait à Saint-Privat, *c'est un tort*, mais un tort explicable par l'éloignement de ces deux villages, et par la confusion de cette lutte infernale ; que le général Ducrot n'ait pas su, à la redoute de Châtillon, ce qui se passait à Clamart, c'est-à-dire à 500 ou 600 mètres de lui, c'est le comble de la distraction ou du désintéressement. »

Fidèle à ses habitudes, Certans, au lieu de citer notre texte avant de le réfuter, nous fait dire ce que nous n'avons jamais dit ; c'est ensuite contre des conclusions qu'il semble tirer de notre travail, et non contre notre travail lui-même qu'il exerce sa verve ; il sait fort bien que le plus grand nombre des lecteurs n'aura que son texte sous les yeux, et il espère, grâce à ce moyen et par quelques épithètes sonores, comme « le docteur ès-sciences militaires », produire son effet.

Qui donc a jamais prétendu qu'un commandant en chef ne devait pas être informé d'un événement comme la disparition d'une division ? Mais s'il doit en être informé, c'est par les soins des chefs dans la sphère d'action desquels l'événement s'est produit. Ce n'est pas à lui à faire courir dans tous les sens, près des fractions que la configuration du sol dérobe à sa surveillance directe, pour savoir si *oui* ou *non* il y a quelque chose de nouveau ; en un mot, le renseignement doit venir des unités inférieures.

Cette simple remarque qu'aurait faite immédiatement toute

personne qui n'est pas absolument étrangère aux questions de manœuvre, suffit pour prouver le peu de valeur des critiques de MM. Duquet et Certans. Quel est le chef militaire qui, ayant assigné à une troupe une position à mettre en état de défense, se croira tenu d'envoyer à tous moments voir si cette troupe, *non attaquée, non menacée*, ne s'est pas retirée, et qui pourra supposer que son chef lui donnera l'ordre de la retraite sans motif aucun, et sans en rendre compte ? Pour toute personne qui sait ce que c'est que commander, il n'y a qu'un procédé dans de telles conditions, pour assurer ces fameuses « communications constantes » : Aussitôt que le chef de la troupe qui se trouve séparée du gros a gagné les emplacements qui lui ont été indiqués, c'est à lui à rendre compte de tous les incidents qui peuvent se présenter et qui ont quelque importance; c'est à ce devoir que ne s'est pas conformé le général de Caussade qui fut le seul et unique coupable en cette affaire. Il est bon d'ajouter que le mouvement extraordinaire qu'il ordonna était de ceux dont on n'ose même pas rendre compte, et nous comprenons la juste indignation du général Ducrot qui réclama vainement du gouverneur de Paris que le commandant de la 1re division fût traduit devant un conseil de guerre.

Nous conseillons à Certans de lire ces lignes du maréchal de Saxe, dans ses *Rêveries;* il y trouvera matière à réflexion : « Il faut qu'un général d'armée ne soit occupé de rien un jour d'affaire... Sa disposition doit être courte et simple, comme qui dirait : la première ligne attaquera, et la seconde soutiendra ; ou bien : tel corps attaquera, tel autre soutiendra. Les généraux qui sont sous lui font faire la manœuvre qui convient, chacun à sa division ; ainsi le général ne doit pas s'en occuper, ni s'en embarrasser ; car s'il veut faire le service de la bataille et être partout, il fera précisément comme la mouche de la fable qui croyait faire marcher un coche.

« Bien des généraux en chef ne sont occupés au jour d'affaire que de faire marcher les troupes bien droites, de voir si elles conserveront leurs distances, *de répondre aux questions que les aides de camp leur viennent faire, d'en envoyer partout, de courir eux-mêmes sans cesse;* enfin ils veulent tout faire, moyennant quoi ils ne font rien. Je les regarde comme des gens à qui la tête tourne et qui ne voient plus rien. »

— 121 —

Sans doute, le maréchal de Saxe ne connaissait, lui aussi, rien à la guerre. M. de Moltke, dont il ne faut pas grandir outre mesure le mérite, mais qui, en fin de compte, avait su comprendre le concept napoléonien et l'appliquer sinon avec génie, du moins avec talent, M. de Moltke également reçoit sa petite leçon de Certans, tout comme il l'a reçue maintes fois de M. Duquet.

Ce dernier ignore que sur les champs de bataille, où les choses ne se passent pas comme dans son cabinet, on ne perçoit pas toujours nettement et de suite les résultats du fait accompli, comme le dit, à propos de Saint-Privat, le *Cours d'histoire militaire de l'École supérieure de guerre* (1886-87) : « Mais ces divers résultats (ceux obtenus le 18 au soir) *n'apparurent pas* de suite. Le roi de Prusse et le général de Moltke, qui avaient assisté à la bataille de Saint-Privat sur les positions de la Ire armée, avaient passé la nuit au quartier général de Rezonville, *sans pouvoir mesurer* encore les conséquences des succès remportés la veille à l'extrême-gauche de l'armée. Les premiers moments de la matinée du 19 furent employés à recueillir les renseignements qui, du reste, affluaient de toute part. A 10 *heures, notre retraite sur Metz était constatée.* »

Comment le grand quartier général eût-il pu connaître les résultats de l'engagement de Saint-Privat, terminé à la nuit, avant que l'état-major de la IIe armée eût pu lui-même en apprécier les conséquences ?

Il faut comprendre et connaître la guerre à la façon de Certans et de M. Duquet pour écrire que les nécessités d'une situation constituent des erreurs et des torts de la part de ceux qui commandent.

Et puisque nous parlons de Metz[1], rappelons, pour donner une idée du crédit qu'il faut accorder aux narrations de M. Duquet

---

[1] « On peut, sans appartenir à l'armée et sans avoir fait la guerre, s'intéresser aux questions militaires ; *mais l'intérêt légitime qu'inspirent des faits si importants ne donne pas la compétence pour en parler.* Il y a des auteurs qui font mouvoir les troupes sans se douter des conditions du mouvement. Ils suppriment le temps et l'espace! Cette manière d'écrire « *l'histoire* » permet de relever à tout propos les « *Fautes du commandement* », mais elle bouleverse aussi, à tout instant, *la situation initiale*. Cela devient *un réquisitoire*, sans rapport avec la tactique, avec l'art militaire.

« Parler d'offensive au début de la bataille (du 18 août) c'est oublier *ce*

sur les grandes batailles livrées autour de cette place, que cet écrivain ose incriminer un soldat comme le colonel de Geslin, commandant le 94ᵉ, pour n'avoir pas mis Sainte-Marie-aux-Chênes en état de défense et n'en avoir pas barricadé les issues. Or, c'est là un reproche injuste, faux. Quand on a la prétention de faire la leçon à tous, on devrait au moins se renseigner avec soin. S'il l'eût fait, M. Duquet aurait su qu'à peine le 94ᵉ était-il arrivé dans le village, l'attaque des Allemands commençait.

« Ces dispositions (placement des bataillons et des compagnies) n'étaient pas terminées que le feu commençait. » (*Cours d'histoire militaire de l'École supérieure de guerre*, 1886-87, p. 660, Iʳᵉ partie.) Le général de brigade avait accompagné lui-même le 94ᵉ, contribuant au placement des diverses fractions ; pas plus que le colonel de Geslin, il n'eut le temps ni le loisir de faire de la fortification.

---

fait que 80.000 hommes (2ᵉ, 3ᵉ corps et Garde) étaient immobilisés en arrière du ravin de la Mance.... Par où seraient-ils passés ? A partir de 6 heures du matin, Gravelotte était occupé par les Allemands ; le front de Malmaison — Gravelotte et le bois de Vaux étaient tenus par les VIIᵉ et VIIIᵉ corps allemands ; le 4ᵉ et le 6ᵉ corps français seuls eussent pu se porter en avant : la bataille aurait eu lieu sur le front Batilly — Verneville, et l'armée française eût éprouvé un désastre. On peut critiquer la situation initiale (nous en dirons quelques mots quand nous étudierons la défensive), *mais on ne peut la changer ; il faut la subir* ». (Général MAILLARD, *Cours de Tactique générale professé à l'École supérieure de guerre*, 1889-90. — Bataille de Saint-Privat, p. 77 et 78.)

Nous lisons en outre à la page 98 de cette œuvre si puissante dont nous avons déjà parlé, une note ainsi conçue : « L'auteur d'une histoire récente des *Batailles autour de Metz* considère cette mise en état de défense (du village de Verneville) comme une preuve des craintes que le général von Maustein avait sur sa situation ; cet auteur *ignore*, sans doute, qu'une telle mesure n'est que l'application du premier principe de l'offensive : « *s'assurer d'abord une base solide* ».

Nous laissons au lecteur le soin de rapprocher ces lignes des appréciations de M. Duquet dans les *Grandes batailles de Metz*, pages 249-250 : « Toute l'artillerie du IXᵉ corps, la brigade de Blumenthal et la division hessoise sont à la merci de Ladmirault et de Le Bœuf ; *c'est pourquoi le général de Maustein s'attendant avec raison à une offensive de notre part, s'empresse de mettre en état de défense, à toute éventualité, les bâtiments de Verneville....* » — Et page 306 : « Frossard et Le Bœuf renforcés, *et poussés en avant*, c'était la ligne ennemie coupée à l'endroit le plus sensible, c'était le désastre inéluctable pour la IIᵉ armée.... » — Or, on sait par quels arguments indiscutables le général Maillard a démontré que le terrain empêchait toute offensive de la part du général Frossard et du maréchal Le Bœuf.

Combat du Plessis-Piquet.

Nous sommes arrivé à la partie capitale de notre réponse à Certans, au sujet du combat soutenu au Plessis-Piquet par le 15ᵉ de marche, et de la retraite de ce régiment.

Ici, la vérité a été altérée par notre contradicteur dans des proportions par trop considérables.

Après avoir rapproché les textes, nous produirons des documents sur lesquels on comprendra que nous avions gardé une certaine réserve, et qui jetteront sur le débat une éclatante lumière.

1º *Paris, le 4 septembre et Châtillon*, par M. A. Duquet. — « Mais, racontons sans plus tarder la lutte glorieuse soutenue au Plessis-Piquet par le 15ᵉ régiment de marche, que le général Ducrot a laissé seul, *à plus de 2,000 mètres de nos lignes avancées les plus proches*, c'est-à-dire le Télégraphe.

« *A midi, les Bavarois qui, jusqu'alors, s'étaient contentés de tirailler* avec les défenseurs du Plessis-Piquet, *se décident à sortir du bois de Malabry*, et s'emparent du Plessis-Moulin, après un engagement court, mais vif. Deux brigades bavaroises, appuyées par plusieurs batteries qui bombardent les défenseurs du Plessis-Piquet, s'approchent du village en l'entourant par l'est, le sud et l'ouest.

« Malgré la disproportion des forces, le brave régiment français qui *voit à moins de 500 mètres de lui toute une division ennemie*, et à moins de 1 kilomètre les *nombreuses* batteries qui l'écrasent, sans compter l'autre division bavaroise qui le menace du côté de Sceaux, le brave régiment, disons-nous, n'éprouve pas la plus légère hésitation et défie ses milliers d'adversaires ; les Bavarois sont plus d'une demi-heure à tirer à balles et à obus sur le village avant de se décider à l'aborder. Écrasés par la mousqueterie, qui part de tous les murs des parcs et des clos, ils sont obligés de se retirer précipitamment en abandonnant leurs morts et leurs blessés. Ils ne veulent plus risquer un assaut avant que leurs canons n'aient démoli les murs derrière lesquels nos soldats les fusillent. Une batterie met près d'une heure à renverser en partie le mur sud du parc du Plessis-Piquet.

« C'est alors seulement que *l'ennemi s'élance une seconde fois sur la vaillante petite troupe* : *le Château-Rouge et le parc Hachette tombent au pouvoir des Bavarois ;* mais les assaillants se trouvent arrêtés devant les clos sud du village.

« Le commandant du 15ᵉ marche, l'intrépide lieutenant-colonel Bonnet, réduit à se défendre dans les jardins que *l'artillerie adverse bat avec fureur, entouré d'une véritable nuée de combattants, voyant les survivants de son régiment brisés de fatigue, aveuglés par la fumée et la poussière, ne recevant aucun ordre de ses chefs, craint d'être définitivement enveloppé.* Il envoie donc un officier à cheval, M. Tarigo, demander les instructions du général Ducrot, qui lui prescrit de se retirer immédiatement par la route du Plessis-Piquet à la redoute.

« Sur l'ordre du colonel, chaque bataillon abandonne la position, en diminuant successivement son feu. Il est près de 3 heures quand le régiment arrive à hauteur de Châtillon, derrière la redoute....

« ... Un auteur, qui signe A. G., et qui écrit souvent dans le *Journal des Sciences militaires*, a prétendu que c'était par ordre du général Ducrot, et pour protéger la retraite, que le 15ᵉ de marche avait résisté si longtemps au Plessis-Piquet. Cette allégation ne résiste pas à un examen approfondi.

« Non seulement aucune déclaration des combattants de Châtillon, aucune pièce officielle ou précise n'arrivent à l'appui de cette assertion ; non seulement tous les témoignages [1] affirment le contraire de ce qui est avancé par l'auteur anonyme, mais l'étude de la position des troupes sur les croquis du combat dessinés par le général Ducrot, le plan de cette affaire donné par l'état-major prussien, montrent jusqu'à l'évidence que ce brave régiment avait été abandonné, sans ordres de ses chefs, en un mot, qu'il avait été oublié.

« Au reste, quelles que soient les critiques que nous ayons à adresser au général commandant en chef à Châtillon, touchant sa tactique du 19 septembre, nous ne voulons pas lui faire l'injure de le penser capable de charger un régiment de défendre une position aussi avancée que l'était celle du Plessis-Piquet, *sans la relier au gros de ses troupes par quelques compagnies au*

---

[1] Il faudrait au moins en citer un.

moins, et nous croyons qu'il avait assez l'habitude du champ de bataille pour ne pas commettre une faute aussi lourde.

« Discutons quelques instants la question.

« Parmi nos témoignages, il s'en trouve qui ne laissent subsister aucun doute. Le premier, est celui de M. le commandant Bonnet[1], qui constate dans son *Histoire de la Guerre de* 1870-71, que l'ordre de retraite n'était pas parvenu au colonel Bonnet.

« L'auteur anonyme se trompe donc quand il affirme, sans preuves, que le 15ᵉ de marche avait reçu l'ordre de résister au Plessis-Piquet le plus longtemps possible[2]. Le second témoignage est celui du général Ducrot lui-même, qui a raconté ainsi ce glorieux incident : « La situation du colonel Bonnet était cri-
« tique ; nos troupes avaient évacué la plus grande partie du
« plateau ; cet officier pouvait être enveloppé avec son régiment.
« Il envoya donc un officier à cheval, M. Tarigo, demander les
« instructions du général Ducrot, qui lui prescrivit de se retirer
« immédiatement par la route de Fontenay-aux-Roses. »

« Il est clair que le général Ducrot ne se serait pas exprimé en ces termes, s'il n'avait pas oublié le 15ᵉ de marche. Dans ce cas, il n'eût pas attendu l'arrivée de M. Tarigo pour « ordonner « de se retirer immédiatement », alors que le moment par lui assigné pour la retraite, en nous rapportant à son aveu, que nous enregistrons sans tarder, était passé depuis plus de 4 heures.

« De son côté, le commandant du 15ᵉ de marche n'eût pas eu à expédier un officier au général en chef pour lui demander des instructions, s'il les avait déjà reçues, comme on essaie de le faire croire, dans le but de dégager la responsabilité du général Ducrot.

« Aussi, quand il écrit que le lieutenant-colonel Bonnet, se conformant aux ordres du commandant en chef, continuait à se maintenir dans le Plessis-Piquet, cela veut dire qu'il se maintenait conformément aux ordres du matin.

---

[1] Ce qu'écrit un auteur dix ans après des événements auxquels il n'assistait pas, constitue une version, et non un témoignage, comme nous l'avons déjà fait remarquer dans *Le Combat de Châtillon*.

[2] Nous ne comprenons pas comment, de ce que l'ordre de retraite n'était pas parvenu au 15ᵉ de marche, on peut conclure que ce régiment n'avait pas reçu l'ordre de résister au Plessis-Piquet le plus longtemps possible. (Note du *Combat de Châtillon*.) Le récit du lieutenant-colonel Bonnet qui lui, est bien un témoignage, établit le contraire.

« Nous savons bien encore que le général Ducrot dit avoir envoyé le capitaine de Néverlée, vers 8 heures, au lieutenant-colonel Bonnet, pour lui prescrire de tenir au Plessis-Piquet « et « de ne se retirer que lorsque toutes les troupes engagées sur le « plateau l'auraient dépassé ». Mais, en admettant que cet ordre ait été envoyé, *ce dont nous doutons, car ce jour-là les prescriptions du général Ducrot n'ont pas été heureusement transmises et interprétées*, notamment par les généraux Appert et de Caussade, en admettant donc que cet ordre ait été lancé, M. le commandant Bonnet nous a appris qu'il n'était pas parvenu au 15ᵉ de marche. Nous en trouvons la preuve dans le fait que ce régiment n'est arrivé à la redoute qu'à 3 heures de l'après-midi, et dans celui qu'à 2 heures, *dans le récit qui nous a été fait* à 1 h. 1/2, d'après la narration du grand état-major prussien, il combattait encore au Plessis-Piquet. Le lieutenant-colonel Bonnet, s'il avait reçu cet ordre mystérieux, serait-il resté dans une position aussi critique, *depuis 9 heures du matin, selon nous* depuis 10 heures au plus, selon les relevés du grand état-major prussien, alors que toutes les troupes des divisions d'Hugues et de Caussade, notre cavalerie, notre artillerie avaient rallié les emplacements quittés le matin, et dépassé Plessis-Piquet ?

« Et quand nous disons qu'il résulte de l'ouvrage de M. de Moltke qu'à 10 heures au plus le 15ᵉ de marche était aux premières lignes, devant les Allemands, cela est loin de signifier qu'il n'y était pas depuis 8 *heures;* cela signifie seulement que le grand état-major prussien *a négligé d'indiquer le moment de la journée* où s'est effectuée la retraite des divisions d'Hugues et de Caussade.

« Mais le général Ducrot va nous renseigner à cet égard, et voilà pourquoi nous pensons que, dès 9 *heures, le* 15ᵉ *de marche était déjà seul à soutenir la formidable poussée des Bavarois et des Prussiens.* En effet, en acceptant les déclarations de son livre, le général aurait donné aux deux divisions l'ordre de retraite, à l'instant de l'effarement de la division de Caussade. Or, *si l'on consulte le récit du grand état-major, on constate que cet événement s'est produit vers* 8 h. 1/2 [1]. Le rédacteur officiel ajoute

---

[1] Pourquoi alors écrire quelques lignes plus haut que le grand état-major « a négligé d'indiquer le moment de la journée, où s'est produite la retraite des divisions d'Hugues et de Caussade. »

même : « Voyant que sa tentative avait échoué sur toute la ligne, « le général Ducrot ordonnait à ses troupes de se replier sur « leurs anciennes positions ».

« Il était donc 8 h. 1/2 environ quand la retraite des deux divisions françaises a commencé et, du train qu'allaient nos soldats, il n'est pas douteux qu'à 9 heures, ils avaient dépassé le Plessis-Piquet et rejoint leurs camarades qui s'étaient dérobés dès les premiers obus.

« Nous avons exposé et traité la question avec tous les éclaircissements et en mettant sous les yeux du lecteur toutes les pièces du procès ; nous pensons que maintenant l'opinion de toute personne un peu au courant de la tactique doit être faite. Il est prouvé : 1° Que de 8 h. 1/2 du matin à 1 h. 1/2 ou 2 heures de l'après-midi, moment où M. Tarigo, l'envoyé du lieutenant-colonel Bonnet, est venu demander ce que le 15ᵉ de marche avait à faire, le général Ducrot n'a donné aucun ordre au commandant de cet héroïque régiment ; 2° Que de 10 heures du matin à l'arrivée de M. Tarigo, le général *avait complètement perdu de vue le* 15ᵉ *de marche*, qu'il ignorait ce qu'il était devenu, et qu'il n'y pensait plus. »

2° *Le Combat de Châtillon*, par Y. K. — « Le mouvement de retraite allait pouvoir s'exécuter sans trop de trouble, grâce à la prévoyance du général en chef, qui avait placé le 15ᵉ de marche au Plessis-Piquet.

« *Nous devons les détails que nous allons donner sur l'installation de ce régiment, comme ceux que nous donnerons ensuite sur le combat qu'il eut à soutenir, à la bienveillance de M. le général de division Bonnet, qui, le 19 septembre 1870, commandait le* 15ᵉ *de marche en qualité de lieutenant-colonel.*

« Le général Ducrot, connaissant de longue date le colonel Bonnet, fut heureux de le rencontrer le 17 au soir, à une réunion à laquelle il avait convoqué les généraux et les chefs de corps du 14ᵉ corps[1].

« Il lui avait immédiatement prescrit de se joindre à lui pour la reconnaissance qu'il comptait faire le lendemain 18, dès le jour.

« Dans sa pensée déjà, il le destinait à jouer un rôle spécial.

---

[1] Le général ne faisait qu'arriver à Paris, après son évasion de Pont-à-Mousson.

« Lorsque la reconnaissance partie à 5 heures du fort d'Issy, fut arrivée au Plessis-Moulin, le général Ducrot fit mettre pied à terre et faisant face en arrière, il demanda au colonel Bonnet, en lui montrant le Plessis-Piquet et le parc Hachette, ce qu'il pensait de cette position, si l'on pouvait s'y défendre.

« Le colonel ayant répondu très affirmativement, le général reprit : « Eh bien ! allez reprendre votre régiment ; j'y joins les « chasseurs à pied en formation ; amenez votre troupe au Plessis-« Piquet. » Et après avoir donné les indications nécessaires sur le front, les flancs, la ligne de retraite, il ajouta : « Avec les « troupes que nous avons, qui sont susceptibles d'élan, mais qui « manquent d'expérience et de solidité, *une débâcle est toujours* « *à craindre*. Suivant les fluctuations du combat votre position « de Plessis-Piquet me servira dans toutes les éventualités. Vous « y tiendrez jusqu'à ce que vous receviez un ordre écrit de moi « de l'évacuer. »

« Le général en chef revient le 18 au soir, examine l'organisation défensive du village, et quitte le colonel Bonnet en lui souhaitant bonne chance pour le lendemain.

« Si nous avons autant insisté sur cette prise de possession du Plessis-Piquet, c'est en vue de la suite du récit et pour établir une base dont nous partirons plus tard pour démontrer qu'il était impossible que le général en chef oubliât le 15ᵉ de marche, comme on n'a pas craint de l'affirmer. Au moment où l'ordre de retraite fut donné, le capitaine de Néverlée, officier d'ordonnance du général en chef, fut chargé de faire parvenir au colonel Bonnet « l'ordre de se maintenir le plus longtemps possible et « de ne se replier, en passant par le ravin du Télégraphe, que « lorsqu'il aurait été dépassé par toutes les troupes engagées sur « le plateau. » Cet ordre était la confirmation de ceux donnés la veille, avec une modification importante toutefois, puisqu'il indiquait nettement le moment où la retraite du 15ᵉ de marche devait commencer.

« *Malheureusement cet ordre ne parvint pas au colonel Bonnet.* Comment? c'est ce qui n'a jamais été expliqué[1]. Nous reviendrons

---

[1] Le fait d'ordres qui ne parviennent pas à destination pendant le combat est fréquent dans toutes les actions de guerre.

plus loin et tout au long sur cet incident, quand nous aurons à parler de la résistance du 15ᵉ de marche au Plessis-Piquet. ...

Résistance du 15ᵉ de marche au Plessis-Piquet.

« Nous avons exposé dans quelles intentions le général en chef avait placé le 15ᵉ de marche au Plessis-Piquet et les instructions données au colonel Bonnet.

« Le 19 au matin, dès 6 heures, des tirailleurs allemands se présentent devant le parc Hachette; *ils disparaissent après une courte fusillade.*

« A 8 heures, nouvelle attaque appuyée par du canon; *mais l'ennemi, très circonspect, ne pousse pas de l'avant.*

« Vers midi, nous évacuons devant le 1ᵉʳ bataillon du 6ᵉ bavarois l'avant-poste du Plessis-Moulin que le feu de l'artillerie ennemie a rendu intenable.

« En résumé, pendant toute la matinée, le combat s'était continué, *mais mollement; l'ennemi ne faisait pas d'effort sérieux, ne dépassant pas la lisière du bois de Verrières et les bords du plateau.*

« *Vers midi et demi*, les 5ᵉ et 6ᵉ brigades bavaroises occupent le terrain de Petit-Bicêtre à Malabry; les Bavarois tentent une attaque plus sérieuse et s'avancent en grand nombre sur le plateau; criblés de balles, ils sont contraints de se replier en toute hâte, abandonnant leurs morts et leurs blessés.

« L'artillerie bavaroise entre alors en action; une batterie se place au nord de Malabry; une autre s'avance du Pavé-Blanc jusqu'à 800 mètres du parc du Plessis-Piquet, protégée à gauche par deux escadrons de chevau-légers; une troisième batterie prend position entre les deux premières, et deux pièces restées à l'ouest de Châtenay, appuient l'attaque d'infanterie par un feu d'écharpe que la relation allemande qualifie de très efficace (?). Malgré le feu des défenseurs, le colonel de Treuberg amène par bonds successifs le 1ᵉʳ bataillon du 15ᵉ régiment et une compagnie du 14ᵉ jusqu'à 200 mètres du saillant sud-ouest du parc du Plessis-Piquet, pendant que le 2ᵉ bataillon du 14ᵉ, *couvert sur son flanc gauche, dans la direction du bois de Meudon, par deux escadrons de chevau-légers*, s'embusque devant la face ouest du parc. (*Relation allemande*, p. 72-73.)

Le colonel Bonnet, qui suit ou fait suivre ces mouvements et qui voit tout le plateau évacué et l'ennemi gagner du terrain sur sa droite, envoie le capitaine adjudant-major Tarigo vers le général en chef pour lui demander des ordres et lui rendre compte que les munitions s'épuisent.

« Après une préparation par le feu d'environ un quart d'heure, le colonel Hœfler s'apercevant que le feu des défenseurs du parc Hachette diminue, pousse en avant la droite de la ligne, *s'empare du Château-Rouge où il n'y a plus personne, et pénètre dans le parc que ses défenseurs viennent d'évacuer*, car l'ordre de retraite apporté par le capitaine Tarigo, vient d'arriver au 15ᵉ de marche. « . . . La lecture de la relation officielle allemande tend à faire croire que le parc Hachette et l'enclos *ont été enlevés de haute lutte; rien n'est plus faux*. Tant que le 15ᵉ de marche est resté sur ses positions, les Bavarois maintenus en respect n'ont pas osé les aborder, *et ils ne se sont portés en avant que lorsqu'elles furent évacuées par nos soldats ayant reçu l'ordre de battre en retraite; le récit du colonel Bonnet*[1] *que nous donnons plus loin, ne laisse aucun doute à cet égard.*

« Le fait que les Allemands ne firent pas de prisonniers au 15ᵉ de marche est aussi une preuve que les défenses du Plessis-Piquet ne furent pas enlevées de vive force; *toute personne un peu au courant des choses de la guerre* sait que, dans ce cas, des hommes isolés et même des groupes seraient fatalement tombés aux mains de l'assaillant; or, le tableau des pertes du 15ᵉ de marche ne porte absolument personne dans la colonne « disparus », et dans les rapports il n'est pas question de prisonniers. C'est donc par euphémisme que la relation allemande prétend que le colonel Hoefler prononça son attaque « quand la vigueur de l'ad-
« versaire commença à faiblir; » elle aurait dû dire : « quand
« l'adversaire se fut retiré. »

« Le colonel Bonnet exécute sa retraite en échelons et défend la partie sud du village qui a été barricadée; d'ailleurs les Bavarois ne sont pas pressants et nulle part ils ne poussent de l'avant.

« Chaque bataillon, diminuant successivement son feu, aban-

---

[1] Qui a été notre principale source pour composer notre relation du combat du Plessis-Piquet.

donne la position et s'écoule sous la protection d'une arrière-garde avec laquelle marche le colonel Bonnet et qui maintient l'ennemi à distance. Le régiment arrive à la redoute vers trois heures.

« *Cette résistance du 15ᵉ de marche avait rendu les plus grands services :* « *Elle fait, dit le général Ducrot, le plus grand honneur* « *à ce régiment et à son digne chef et forme un heureux contraste* « *avec les défaillances qui se sont produites sur d'autres points* « *du champ de bataille.* »

« Mais est-ce une raison pour *exagérer* et prétendre, contre toute vraisemblance « que le 15ᵉ de marche tint tête à deux corps « d'armée, et renouvela dans des proportions plus extraordinaires « les prouesses du IIIᵉ corps prussien à Rezonville ? »

« Comment l'imagination a-t-elle pu pousser M. Duquet à composer le récit fantaisiste que nous avons reproduit *in extenso* ?

« Aucune des allégations de cet écrivain ne résiste à un examen sérieux.

« Le 15ᵉ de marche n'a jamais été attaqué par deux corps d'armée allemands ; d'ailleurs, pour affirmer une telle énormité, il faut n'avoir aucune notion de la guerre ; il n'y a pas de régiment capable de résister ainsi à deux corps d'armée, il n'y en a jamais eu.

« *Si l'on se reporte au récit du combat, on verra que pas un seul homme du Vᵉ corps prussien n'a participé à l'attaque du Plessis-Piquet.*

« *Au moment de cette attaque, le Vᵉ corps prussien avait repris sa marche sur Versailles ;* le général de Kirchbach avait pris cette détermination, estimant que les Bavarois n'avaient plus besoin d'être soutenus et il avait, sur la demande du colonel de Diel, simplement laissé la 18ᵉ brigade d'infanterie à Villacoublay, avec deux escadrons et deux batteries : *ces troupes n'en bougèrent pas.*

« *Avant midi, c'est-à-dire bien avant la première attaque sérieuse des Bavarois contre le Plessis-Piquet*, le reste du corps d'armée était déjà en marche sur Versailles, où il était rejoint à 6 heures par la 18ᵉ brigade d'infanterie. (*Relation allemande*, p. 69-70-77.)

« Cela explique pourquoi *la gauche des Bavarois était si bien en l'air dans l'attaque contre le Plessis-Piquet*, qu'il fallut la couvrir du côté de Meudon par deux escadrons de chevau-légers. Il est évident que si le V⁰ corps avait participé à cette attaque, les Bavarois n'eussent pas eu à couvrir leur aile gauche qui aurait été prolongée par les troupes de ce corps d'armée. Pas davantage, la 4ᵉ division bavaroise (7ᵉ et 8ᵉ brigades) n'avait contribué à l'attaque du Plessis-Piquet, pendant laquelle elle était à Sceaux et à Bourg-la-Reine[1].

« Voilà donc les deux corps d'armée réduits à la 3ᵉ division (1ᵉʳ du IIᵉ corps bavarois) dont 5 bataillons furent engagés effectivement (*Relation de l'état-major allemand*, p. 72 et 73). Comment donc un écrivain qui veut être pris au sérieux, a-t-il osé écrire que *dès 9 heures du matin, le 15ᵉ de marche était déjà seul à soutenir la formidable poussée des Bavarois et des Prussiens*, quand, auparavant, cinq pages plus haut, on lit dans son propre ouvrage : « *A midi, les Bavarois qui jusqu'alors s'étaient con-* « *tentés de tirailler avec les défenseurs du Plessis-Piquet, se déci-* « *dent à sortir du bois de Malabry.* » On a peine à comprendre qu'après avoir relu, il ait laissé subsister dans son texte de telles contradictions.

« Le récit du colonel Bonnet fera voir que le même auteur affirme bien à la légère *qu'il n'y eut pas la moindre hésitation* dans le 15ᵉ de marche, dont le 1ᵉʳ bataillon, au contraire, se montra un moment fort ébranlé.

« Mais peut-on sérieusement dire que les soldats de ce régiment *voyaient* devant eux toute une division bavaroise, *alors que l'ennemi se tint dissimulé dans le bois de Verrières jusqu'au moment de l'attaque décisive*, et qualifier de *nombreuses* les batteries bavaroises qui étaient au nombre de 3 sur un front de 1500 mètres; quant à l'autre division bavaroise, sa vue ne pouvait produire un grand effet sur le 15ᵉ de marche qui ne pouvait apercevoir ni la 7ᵉ brigade groupée à Bourg-la-Reine, ni la 8ᵉ en position de garde-à-vous au sud-est de Châtenay.

« Une fois de plus, pourquoi s'être emparé, sans la contrôler et sans la comparer avec les éléments d'information français, de la

---

[1] On remarquera que M. Duquet en prétendant que le 15ᵉ de marche a résisté à deux corps d'armée (V⁰ prussien et IIᵉ bavarois) confirme pleinement l'erreur que nous lui avons reprochée, quand il écrivait que le IIᵉ corps bavarois, « libre de préoccupation du côté de Bourg-la-Reine s'était porté *tout entier*, etc..,.. »

version allemande, en écrivant que le Château-Rouge et le parc Hachette ont été enlevés de vive force par les Bavarois? En outre, c'est faire erreur que de penser que le colonel Bonnet n'a envoyé le capitaine Tarigo près du général en chef, qu'après la prise de ces deux points.

« Il est étrange de parler des *survivants* du 15ᵉ de marche; on comprend cette expression, quand il s'agit de corps qui ont perdu les deux tiers ou la moitié de leur effectif, comme le 2ᵉ régiment de tirailleurs à Frœschwiller qui, le matin du 6 août, avait à l'effectif 76 officiers et 2,200 hommes, et revint avec 6 officiers et 340 hommes de la bataille, ayant perdu, par conséquent, 70 officiers et 1860 hommes de troupe ; comme le 2ᵉ zouaves dans la même journée; comme certains régiments dans les batailles de Metz, comme le 35ᵉ et le 42ᵉ de ligne à Paris; mais, si l'on se reporte aux pertes subies par le 15ᵉ de marche et la compagnie et demie de chasseurs qui lui était adjointe (3 *officiers blessés*, 5 *hommes tués*, 33 *blessés*) on ne peut s'empêcher de trouver *que les survivants étaient bien nombreux*. Nous faisons grâce à l'auteur, que nous combattons, de sa fumée et de sa poussière, qui sont certainement ce qu'il y a de plus exact dans le tableau qu'il nous présente au combat du Plessis-Piquet.

« Jamais le 15ᵉ de marche n'a été *entouré d'une véritable nuée de combattants*. Il a été attaqué de front, menacé un instant sur son flanc droit; jamais sa ligne de retraite n'a été compromise, *le 3ᵉ bataillon du 26ᵉ de marche assurant sa liaison avec la redoute et les troupes en arrière;* ce bataillon était en repli à moins de *1200 mètres* des défenses sud du Plessis-Piquet et à moins de *600 mètres* de la lisière nord de ce village, en dépit de cette étrange affirmation que « le général Ducrot a laissé le 15ᵉ de « marche seul, à plus de 2,000 mètres de nos lignes avancées les « plus proches ».

« Mais, ce n'est pas tout, nous avons à répondre à une longue discussion où l'on a, en vain, essayé de prouver que le général en chef avait complètement perdu le 15ᵉ de marche, qu'il ignorait ce qu'il était devenu, et qu'il n'y pensait plus. Qu'on en juge; nous citons le texte *in extenso* [1]. . . . .

---

[1] Ici nous donnions intégralement le texte de M. Duquet que nous avons reproduit plus haut, page 123.

« Avant de prouver l'inanité de ces critiques, d'ailleurs assez confuses, il est nécessaire de continuer le récit du lieutenant-colonel Bonnet, que nous avons interrompu avec intention après l'exposé de l'occupation du Plessis-Piquet par le 15ᵉ de marche le 18 au soir :

« La bataille s'engage ; l'avant-poste du Plessis-Piquet est en-
« levé *sans résistance ; jamais les Allemands n'ont cherché à*
« *s'emparer de haute lutte du Plessis-Piquet. Leur tir de mous-*
« *queterie nous faisait peu de mal ;* quant à leur tir d'artillerie,
« il était dirigé contre nos réserves, et *beaucoup trop long*, vu
« que ces réserves avaient précisément reçu l'ordre de serrer
« très près des premières lignes, derrière les obstacles couvrants.

« Un bataillon (le 1ᵉʳ) *pris de panique s'enfuit en désordre jus-*
« *qu'au fond du ravin, où le colonel Bonnet réussit à le rallier,*
« *aidé de ses officiers, et à le reporter en avant ; ce bataillon se*
« *maintint ensuite très ferme.*

« Trois fois les Bavarois firent mine de s'élancer, et poussèrent
« des hurrah ! mais ils ne s'élancèrent pas.

« Le feu demandait à être modéré, le nombre des cartouches
« étant limité ; les officiers parvinrent à s'en rendre maîtres et à
« le diriger.

« Cependant le colonel Bonnet avait fait monter dans un arbre
« un homme qui, de cet observatoire, lui signalait les mouve-
« ments de retraite des divisions d'Hugues et de Caussade.

« Les munitions devenant rares, il envoya le capitaine adju-
« dant-major Tarigo, porteur d'un billet au crayon, près du
« général Ducrot, afin de lui rendre compte de la situation. Cet
« officier avait reçu pour instruction de rapporter par écrit l'ordre
« de retraite. Après une attente d'une demi-heure, qui parut bien
« longue au commandant du 15ᵉ de marche, le capitaine Tarigo
« apporta l'ordre du général en chef de battre en retraite immé-
« diatement sur Châtillon. Le général faisait dire, en outre, au
« colonel Bonnet que son mouvement sera *couvert par l'infante-*
« *rie disponible (le 3ᵉ bataillon du 26ᵉ de marche entre autres)* et
« par les mitrailleuses.

« A défaut d'ordre écrit, le colonel fit donner par le capitaine
« Tarigo, devant ses chefs de bataillon, sa parole d'honneur que
« tel était bien l'ordre du général en chef.

« *La retraite commença vers 1 h. 1/2, s'effectua sans encombre,*

« *sans être inquiétée* par les Allemands, autrement qu'à coups de
« canon qui ne nous firent aucun mal ; à un moment donné, les
« Bavarois, croyant la position évacuée, s'élancèrent sur une
« brèche ; mais, à la vue seule du groupe d'arrière-garde avec
« lequel marchait le lieutenant-colonel, ils se replièrent précipi-
« tamment.

« Le capitaine Tarigo avait trouvé le général Ducrot à la re-
« doute, *d'où l'on voyait admirablement la ligne de feu du 15ᵉ*
« *de marche, et d'où l'on entendait parfaitement sa fusillade.* »

« Le général ne pouvait donc *oublier* et *perdre de vue* le 15ᵉ de
marche, puisqu'il *le voyait combattre* et *qu'il entendait sa fusillade* ainsi que celle des Bavarois, qui depuis 10 heures étaient
seules à retentir sur le plateau ; il le pouvait d'autant moins que
son chef lui était *personnellement connu*, et qu'il avait été chargé
d'une mission spéciale. Mais pourquoi le général Ducrot, qui
de sa place se rendait parfaitement compte de la marche et de
l'ensemble des événements, eût-il été inquiet sur le sort de ce
régiment ? La retraite était assurée, nous l'avons vu, par la vallée
de Sceaux ; sur le plateau, le feu de la redoute et celui de l'infanterie et des pièces portées aux abords interdisaient à l'ennemi
toute tentative sur les derrières des défenseurs du Plessis-Piquet.

« Or, leur résistance faisait gagner un temps précieux ; il y
avait donc lieu de la laisser se prolonger jusqu'aux dernières
limites.

« Le général en chef *voyant* le colonel Bonnet continuer à tenir
n'avait aucune raison de le faire retirer, d'autant plus qu'il avait
toute confiance dans son expérience de la guerre et qu'il croyait
l'ordre envoyé le matin arrivé à destination [1].

« Bien qu'on en ait dit, on ne peut douter de l'envoi de cet
ordre : le général Ducrot a porté lui-même au général Boisson-
net, commandant l'artillerie, l'ordre de battre en retraite ; il a
marché, de sa personne, avec le dernier échelon, c'est-à-dire celui
de gauche, le plus rapproché du Plessis-Piquet, puisque le mouvement a commencé par la droite ; il avait donc *sous ses yeux* ce

---

[1] Un ordre de cette nature laisse toute *initiative* dans l'exécution à un chef
de corps qui, si l'ennemi n'est pas pressant, a toute latitude pour retarder le
moment de la retraite, et pour l'accélérer ensuite si les circonstances changent.
(Note de Y. K. dans *Le Combat de Châtillon*.)

village, et il entendait le feu des soldats du colonel Bonnet, rapidement dépassés par le 19ᵉ de marche, dans son mouvement de recul, et échangeant des coups de feu avec les Bavarois postés à la lisière du bois de Verrières. Comment donc admettre un seul instant, qu'après avoir donné ou fait porter sur toute la ligne les instructions nécessaires, il ait oublié le 15ᵉ de marche, qu'il a chargé d'une mission particulière, dont le chef lui est personnellement connu, il importe de le répéter, et qu'il entend et voit combattre ?

« A ce sujet, il n'y a que deux hypothèses :

« 1° Ou bien le porteur de l'ordre à la division d'Hugues a considéré qu'elle ferait parvenir au colonel Bonnet les instructions destinées au 15ᵉ de marche, ce régiment se trouvant enclavé dans ses lignes ; après avoir communiqué au général d'Hugues les ordres concernant les défenseurs du Plessis-Piquet en même temps que ceux relatifs à sa division, il a cru sa mission remplie, et, à l'état-major du général d'Hugues, on aura oublié le 15ᵉ de marche, qui appartenait à la division de Caussade ;

« 2° Ou bien il aura fait sa communication au général Renault, qui commandait le 14ᵉ corps et qui se tenait à la division d'Hugues, et, dans la transmission des ordres à l'échelon inférieur, les prescriptions relatives au 15ᵉ de marche auront été perdues de vue, ce qui n'est pas fait pour surprendre, si l'on se reporte aux incidents des divisions de Caussade et de Maussion.

« Quoi qu'il en soit, le colonel Bonnet, qui n'avait pas reçu communication des nouvelles prescriptions du général en chef, attendait toujours un ordre de retraite et continuait sa résistance ; d'ailleurs, il n'était pas coupé, l'aller et le retour du capitaine Tarigo sont là pour l'établir, et il ne pouvait pas l'être, sa propre retraite l'établit également.

« Mais tout autre devenait la situation après l'évacuation des positions de Bagneux et de Fontenay par la division de Maussion ; les Bavarois devenaient libres de manœuvrer sur le flanc gauche du 15ᵉ de marche, et, s'ils s'emparaient de Bagneux et de Fontenay, ils pouvaient contraindre nos batteries du Télégraphe et les défenseurs de la redoute à une retraite précipitée.

« Dans ces conditions, la situation du 15ᵉ de marche devenait « critique » ; ce régiment pouvait être « enveloppé ».

« Or, d'une part, à quelle heure le capitaine Tarigo remit-il au général Ducrot le billet dont il était porteur ?

« D'autre part, à quelle heure le général apprit-il la retraite de la division de Maussion ? Toute la solution du problème est là.

« Il est facile d'établir d'une manière indiscutable que le général en chef a été joint par le capitaine Tarigo au moment où il venait d'être informé des incidents de Bagneux et de Fontenay.

« En effet, le capitaine Tarigo a été absent environ une demi-heure (récit du colonel Bonnet) ; la retraite du 15ᵉ de marche a commencé vers 1 h. 1/2 et non vers deux heures ; ce régiment qui est arrivé à la redoute vers 3 heures, ayant mis évidemment plus de trois quarts d'heure pour exécuter sa retraite, par échelons, en combattant, surtout si l'on songe à la résistance qu'il a présentée à la lisière sud du village, *et d'ailleurs 1 h. 1/2 est bien l'heure indiquée par le colonel Bonnet lui-même.* La communication des ordres de retraite aux divers échelons, la réunion des chefs de bataillon par le colonel Bonnet[1], ont dû prendre environ 10 minutes. On peut donc conclure que le capitaine Tarigo était de retour vers 1 h. 20, 8 à 10 minutes avant le commencement du mouvement de retraite[2]. En admettant qu'il soit allé et revenu à la même allure, il a dû arriver près du général en chef vers 1 h. 5 minutes, ou même à une heure, si l'on tient compte du temps qu'il a dû nécessairement passer près du général en chef. Or, nous savons que c'est vers une heure environ (*La Défense de Paris*, t. 1ᵉʳ, p. 44) que le général Ducrot a donné l'ordre au général d'Hugues de faire réoccuper Fontenay-aux-Roses, *et cela immédiatement après avoir appris la retraite du général de Maussion.*

« C'est donc vers une heure également qu'il a eu connaissance de cet incident qui, nous l'avons expliqué tout au long, modifiait du tout au tout la situation du 15ᵉ de marche et nécessitait l'ordre de retraite immédiat[3].

---

[1] Qui indique surabondamment qu'on n'était ni serré de près par l'ennemi, ni en pleine lutte avec lui.

[2] Les mêmes considérations d'heures indiquent que le combat commencé à midi d'une manière sérieuse était terminé une heure et demie après. Nous voilà loin de la durée que lui assigne M. Duquet.

[3] C'est le capitaine Faverot de Kerbrech (aujourd'hui général de division)

« Cela explique pourquoi le capitaine Tarigo, questionné par le colonel Bonnet sur ce qui s'était passé au moment où il avait rejoint le général en chef, lui répondit que le général Ducrot, au reçu de sa communication au crayon, s'était tourné vers le général Appert (qui avait provoqué la retraite intempestive de la 3e division) et, avec un air de reproche lui avait dit : « Et Bonnet? »

« En résumé, nous avons démontré : 1° Que le général en chef avait pris les dispositions nécessaires pour assurer la retraite du 15e de marche;

« 2° Qu'il n'a pu oublier ce régiment, pas plus au moment où il a envoyé les ordres de retraite au moment de l'effarement de la division de Caussade, que plus tard, puisqu'il le voyait combattre de la position où il se trouvait;

« 3° Qu'il n'y avait pas lieu d'envoyer au 15e de marche l'ordre de se replier avant la retraite de la division de Maussion. D'ailleurs, les incidents comme celui du Plessis-Piquet ne sont pas rares à la guerre : « Il n'y a presque pas de batailles où « quelques compagnies de voltigeurs ou de grenadiers, souvent « quelques bataillons, ne soient momentanément cernés dans des « maisons, des cimetières ou des bois. » (*Commentaires de Napoléon Ier. — Guerres de Frédéric II*, p. 400.) Notons toutefois, et pour en finir, que le 15e de marche n'a jamais été cerné. »

3° *Le Combat de Châtillon*, par CERTANS. — « Nous voici arrivé au gros grief de Y. K. contre M. Duquet. Celui-ci « a exagéré les choses » et affirmé sans raison que le 15e de marche *avait été admirable le 19 septembre*. L'avocat du général Ducrot n'admet pas surtout qu'on puisse dire que le 15e de marche a résisté à deux corps ennemis : « Il n'est pas de régiment capable de « résister à deux corps d'armée, il n'y en a jamais eu[1]. »

« Y. K. en est-il bien sûr? Son affirmation n'est-elle pas imprudente? Sans remonter à Léonidas aux Thermopiles, la garde impériale n'a-t-elle pas longtemps résisté, à Waterloo, aux Alliés

---

qui vint « à bride abattue » annoncer cette incroyable nouvelle au général en chef. Ses notes et ses souvenirs sont entièrement d'accord avec notre récit. (Note de Y. K. dans *Le Combat de Châtillon*.)

[1] Surtout de 9 heures du matin à 2 heures du soir, comme le raconte M. Duquet.

— 139 —

qui la pressaient[1]? Tout dépend des positions de l'attaquant et de l'attaqué, de la valeur de l'assaillant et de l'assailli; aucun axiome ne peut être posé à cet égard, car c'est à la guerre que le mot impossible n'existe pas[2].

« *Qu'a donc voulu dire* l'auteur[3], quand il a parlé de la résistance du 15e de marche à deux corps d'armée? A-t-il voulu dire que tous les combattants de deux corps d'armée s'étaient précipités sur un seul régiment? Il suffit de lire son livre pour voir que jamais il n'a eu une pareille idée[4]. Il a voulu faire comprendre que le gros du IIe corps bavarois et du Ve prussien se trouvait devant ce régiment, et devant ce régiment seul, abandonné, à 2,000 mètres de nos lignes avancées[5].

« Est-ce vrai? — Assurément puisque la retraite des Français a commencé à 8 h. 1/2 du matin et que le 15e de marche ne s'est retiré qu'à 2 heures de l'après-midi. Quand Y. K. prétend que le Ve corps n'était pas devant le 15e de marche, il se trompe étrangement. Nous savons que l'isolement de ce brave régiment a été consommé à 8 h. 1/2 du matin; or, le Ve corps prussien a repris, le 19 septembre, sa marche sur Versailles vers midi, en laissant la 18e brigade d'infanterie, 2 escadrons et 2 batteries pour appuyer les Bavarois. (*Relation allemande*, p. 70.)

« Lors donc que l'auteur écrit que depuis 8 h. 1/2 du matin jusqu'à 2 heures de l'après-midi, le 15e de marche a eu devant lui, à un kilomètre, deux corps ennemis, il ne s'est pas trompé[6].

« Puis le défenseur du général Ducrot va « se démener comme un diable dans une procession », pour persuader que c'était avec intention que le général avait abandonné le 15e de marche. Mais,

---

[1] Pas pendant cinq heures; et c'était la vieille garde! On sait quelles furent ses pertes.
[2] Tout ceci est du verbiage; il s'agit d'un fait précis, et non de considérations générales d'ailleurs inexactes.
[3] Mais pourquoi ne dit-il jamais exactement ce qu'il veut dire? Il faut toujours expliquer ce *qu'il a voulu dire.*
[4] Qui y est au contraire répétée et développée à diverses reprises.
[5] Ceci n'est-il pas une véritable rétractation, et encore en termes inexacts? Tout à l'heure le 15e de marche supportait la « formidable poussée »; maintenant, on se borne à mentionner la présence d'un ennemi inactif en avant de ses positions. Encore cite-t-on inexactement les forces dont disposait cet adversaire.
[6] Est-il permis de jouer ainsi sur les mots; se rappeler les affirmations de M. Duquet et les rapprocher de cette reculade de Certans.

— 140 —

comme toujours, il se contredit ; il soutient que c'est par ordre que le 15ᵉ de marche était au Plessis-Piquet à 2 heures, et en même temps il affirme que le matin le général Ducrot lui avait prescrit de battre en retraite.

« Aussi bien, la thèse de M. Duquet *qui est rapportée en entier par Y. K. pour la combattre*, est tellement lumineuse qu'il suffira de la transcrire pour réfuter les assertions de l'avocat du général Ducrot.

(Suit la reproduction d'une partie du texte de M. Duquet que, contrairement aux habitudes de notre contradicteur, nous avons donnée *in extenso*.)

« Y. K. n'a pas répondu à cette argumentation[1], et la rapporter *in extenso* n'est pas la détruire, au contraire.

« Nous ajouterons : si le colonel Bonnet avait ordre de tenir au Plessis-Piquet le plus longtemps possible pour soutenir la retraite, il devait se retirer dès que cette retraite était terminée[2].

« Or elle était consommée à 9 h. 1/2 au plus tard ; pourquoi alors est-il resté au Plessis-Piquet jusqu'à 2 h. 1/2 ? D'autant mieux qu'il aurait suffi d'un simple mouvement des Bavarois sur Châtenay, se glissant dans les bois entre le parc Hachette et Robinson, pour lui couper la retraite[3].

« Il est singulier de constater combien le désir de défendre une personnalité quelconque conduit loin celui qui entreprend cette tâche.

« Ainsi Y. K. s'efforce de démontrer que le général Ducrot fut impeccable, le 19 septembre et, pour ce faire, *il arrive à être injuste pour le 15ᵉ de marche*. Nous n'avions cependant pas trop de régiments à cette époque qui fissent leur devoir ; pourquoi *rapetisser, dans un intérêt privé*, l'attitude si glorieuse de ce régiment.

« *Oui, l'avocat du général Ducrot n'a pas assez de railleries*

---

[1] Ceci est trop s'avancer, ainsi que le prouve les textes remis sous les yeux du lecteur.
[2] Nous n'avons donc pas expliqué tout au long que l'ordre du matin n'était pas parvenu au colonel Bonnet ?
[3] Si Certans a lu le texte de Y. K., il faut admettre ou qu'il était fort distrait ou qu'il a la mémoire bien fugitive. — Ne rien répondre aux arguments de la partie adverse, et les passer sous silence ne constitue pas une réfutation.

pour le fait d'armes du 15ᵉ de marche ; il affirme que son chef lui-même, le colonel Bonnet, ne l'a jamais pris au sérieux.

« Et Y. K. sort deux ans après la mort du colonel, depuis général Bonnet, un récit où *l'attitude du 15ᵉ de marche, n'est pas celle que les narrations et les dépositions allemandes et françaises ont présentée.*

« Nous nous demandons d'abord pourquoi le colonel Bonnet n'a pas rétabli la soi-disant vérité quand *Paris, le 4 septembre et Châtillon* a paru ; en effet, les exploits du 15ᵉ de marche ont été célébrés dans les journaux et la gravure elle-même les a reproduits.

« Le général Bonnet n'a pas protesté.

« *Et puis d'où vient ce récit du général Bonnet ? De qui Y. K. le tient-il ?*

« Enfin, en admettant que *Y. K. n'ait pas été trompé*, ne sait-on pas que le général Bonnet était l'homme discipliné par excellence ? Si le général Ducrot, se sentant atteint par son oubli du 15ᵉ de marche le 19 septembre, *a demandé au général Bonnet de lui écrire une lettre qui diminuerait sa responsabilité*, faut-il s'étonner que le général Bonnet, discipliné comme il l'était, se soit prêté au désir de son ancien chef.

« Car, *tout* est en opposition avec la *prétendue thèse* du général Bonnet.

« D'abord, l'inspection de la carte et la constatation de la position des troupes à midi. Enfin, les récits et les témoignages. En voici quelques-uns qui se rapportent à la part prise par le 15ᵉ de marche au combat de Châtillon :

« A midi, les Bavarois s'emparent du Moulin-Plessis après un
« engagement court, mais vif. (*Récit du Grand état-major prussien*, p. 72.)

« Le 15ᵉ de marche, commandé par un brave officier, tient
« toujours avec fermeté. » (Colonel Lecomte, t. III, p. 56.)

« Le résultat de cette bataille, que l'énergie de quelques
« troupes placées à la droite (*sic*) rendit indécise jusqu'au soir,
« avait été la prise de Châtillon par les Prussiens. » (*Souvenirs de la Mobile*, par Ambroise Rendu, garde mobile, témoin oculaire, p. 29.)

« Écrasés par la mousqueterie qui part de tous les murs du
« parc et de l'enclos, les Bavarois sont obligés de se replier pré-

« cipitamment, en abandonnant leurs morts et leurs blessés. » (Général Ducrot, t. I, p. 46.)

« La V⁰ et la VI⁰ brigades s'étaient épuisées en efforts et « quoique soutenues par le feu des batteries bavaroises qui « étaient venues se placer sur les pentes du plateau, elles n'avaient « pu enlever la position. » (*Commentaires de la guerre franco-allemande*, par le commandant Bonnet, t. II, p. 41.)

« Une batterie met près de une heure à renverser en partie le « mur sud du parc du Plessis-Piquet. » (*Récit du Grand état-major prussien*, p. 73.)

« Il me semble qu'en s'appuyant sur de pareils *témoignages*[1], sur des documents aussi probants, M. Duquet ne s'est pas trop avancé en *exaltant* la conduite du 15⁰ de marche qui, cela est *mathématiquement démontré*, est resté depuis 8 *h. 1/2 du matin jusqu'à 2 heures du soir*, à 2,000 mètres en avant de nos lignes, *devant deux corps d'armée allemands, jusqu'à midi, devant un corps et demi jusqu'à une heure*, puisque si ces corps n'ont pas attaqué tous ensemble, *c'est qu'ils n'ont pas voulu ou pas osé, puisque rien n'empêchait* les Bavarois de Sceaux et de Châtenay de le tourner par Robinson, et les Prussiens de Villacoublay, de le fusiller par Trivaux[2].

« Cette abstention d'une partie des combattants ennemis n'est pas une justification de l'abandon du brave régiment français par le général Ducrot; M. Duquet a eu raison de faire ressortir cette étrange façon de diriger une affaire; tant pis pour ceux qui sont convaincus d'incapacité ou de négligence. »

Nous laisserons au lecteur le soin de conclure d'après le rap-

---

[1] Certans oublie donc que tout cela a été exposé par nous. Dans la discussion qui nous intéresse, et qu'il cherche à déplacer continuellement, il s'agit non d'établir que le 15⁰ de marche a fait son devoir, nous lui avons rendu toute justice à cet égard, mais bien que M. Duquet a exagéré cet incident, au delà de toute vraisemblance.

[2] La discussion ne porte pas, Certans l'oublie, sur ce qui aurait pu se passer, mais sur ce qui s'est passé. D'ailleurs M. Duquet a écrit que les deux corps allemands avaient attaqué, puisqu'il a parlé de leur « formidable poussée. » Maintenant, son défenseur nous dit qu'ils « n'ont pas voulu ou pas osé. » Et c'est sur de tels arguments qu'on ose s'appuyer pour critiquer la situation faite au 15⁰ de marche ! A ce compte, on n'aurait jamais de troupes avancées, d'avant-lignes, d'avant-postes. Tout en ligne dès le début ! C'est bien là le concept de M. Duquet.

prochement des textes. Cependant, il est un point sur lequel nous allons fournir une explication catégorique : celui de l'authenticité du récit du colonel Bonnet; ce point domine tout le débat. Le récit du colonel était un si gros embarras pour notre contradicteur qui voyait s'effondrer devant cette parole si nette, si autorisée, tout l'échafaudage plus ou moins ingénieux dû à la passion et à l'imagination de l'auteur de *Paris, le 4 septembre et Châtillon*, qu'au lieu de chercher à y répondre, il n'a rien trouvé de mieux que de révoquer en doute l'authenticité de ce témoignage.

Aux questions qu'il pose, nous allons répondre et sortir, puisqu'il a l'imprudence de nous y contraindre, de la réserve que nous nous étions imposée par convenance.

Nous avions cru nous expliquer assez clairement en disant dans notre avant-propos que certain critique eût dû, *comme nous*, « *se renseigner près du lieutenant-colonel du 15e de marche* », et lorsque nous écrivions : « *Nous devons les détails que nous allons donner sur l'installation du 15e de marche au Plessis-Piquet, comme ceux que nous donnerons ensuite sur le combat qu'il eut à soutenir, à la bienveillance de M. le général de division Bonnet, qui, le 19 septembre, commandait ce régiment en qualité de lieutenant-colonel* ». Mais, puisqu'il paraît que ce n'est pas suffisamment clair, vu qu'il n'y a pas de pires sourds que ceux qui ne veulent pas entendre, *nous déclarons que c'est du général Bonnet lui-même que nous tenons le récit que nous avons reproduit*, et qui a tant gêné Certans et l'auteur de *Paris, le 4 Septembre et Châtillon*.

Voici dans quelles circonstances :

En juin 1890, nous avions écrit au général Bonnet pour lui demander s'il avait eu connaissance de l'exposé du combat du Plessis-Piquet fait dans l'ouvrage que nous venons de citer; nous l'avions prié, après en avoir reproduit dans notre lettre les passages essentiels, de vouloir bien nous dire exactement ce qui en était.

Le général nous répondit, à la date du 30 juin 1890 :

« Je n'ai pas lu le livre en question, parce que j'ai pris en horreur ces affreuses élucubrations milito-historiques, où le plus souvent la haine, la jalousie, l'acrimonie, la politique violente priment la compétence, altèrent la vérité.

« La personnalité du général Ducrot est assez grande, l'histoire impartiale la fera plus grande encore, pour être au-dessus des appréciations de MM. X. ou Y.

« Si vous venez à Paris, venez me voir, apportez le livre ; nous en causerons. »

Cela, soit dit en passant, est une réponse catégorique à Certans, quand il demande pourquoi le général n'avait pas protesté et rétabli la « soi-disant vérité », quand *Paris, le 4 Septembre et Châtillon* avait paru.

C'était par la raison bien simple qu'il n'avait pas même voulu lire cet ouvrage, ayant été édifié d'ailleurs, nous expliqua-t-il, par une publication antérieure du même auteur : *Frœschwiller — Châlons — Sedan*, qui avait produit sur lui la plus pénible impression, « à tel point qu'il n'avait même pu en achever la lecture ».

Le général nous fit donc lui-même, chez lui, le récit de ce qui s'était passé à Châtillon et au Plessis-Piquet. Rentré chez nous, nous le rédigeâmes de mémoire et nous revînmes le lendemain lui donner lecture de notre rédaction, qu'il approuva de point en point comme conforme à ses propres déclarations.

Non content de toutes ces garanties d'exactitude, dès que le manuscrit de Châtillon fut achevé, il fut adressé au général qui, après l'avoir lu, écrivit son appréciation dont nous nous voyons, à notre grand regret et contraint par le doute injurieux de notre contradicteur, obligé de citer quelques extraits :

« La réfutation de l'ouvrage *Paris, le 4 Septembre et Châtillon*, faite avec pièces à l'appui de la discussion, et une comparaison très nette des rapports français et allemands, *sans oublier quelques récits et faits particuliers*, est faite avec méthode, intelligence, acquis du métier et connaissance des complexes aléas du champ de bataille ; c'est une étude sérieuse, comparée et bien conduite des faits du malheureux combat de Châtillon avant, pendant et après...

« Ce mémoire changera-t-il quelque chose à l'acrimonie des contemporains ? Non ; *Basile, même s'il ne sait ce qu'il dit, trouvera toujours des gens pour lui donner raison* [1] ».

---

[1] Un autre officier qui a été en situation toute particulière pour tout voir et pour bien voir dans la journée du 19 septembre, et dont nous tairons le

Donc, la question d'authenticité est vidée ; *nous n'avons pas été trompé*, et il ne s'agit pas de lettres de complaisance : nous avons tenu tout ce que nous avons avancé sur Plessis-Piquet, de la bouche même du général Bonnet, *et cela, 8 ans après la mort du général Ducrot ;* en outre, nous lui avons soumis par deux fois notre rédaction avant de l'envoyer à l'impression.

Bien entendu, nous sommes prêt à mettre notre contradicteur en état de prendre connaissance des lettres du général Bonnet, et du général de division dont nous avons cité également l'appréciation, sur les originaux, si cela peut l'intéresser.

Si notre récit n'a paru qu'après la mort de l'ancien chef du 15ᵉ de marche, comme Certans semble s'en étonner, qu'il s'en prenne au portefeuille trop chargé du *Journal des Sciences militaires*, où notre manuscrit a attendu longtemps son tour.

Lors de notre premier envoi, nous écrivions : « Le général Bonnet, aujourd'hui général de division en retraite », et les retards de l'impression nous ont forcé malheureusement, à la correction des épreuves, à remplacer cette désignation par celle de : « récemment décédé général de division en retraite ».

Un mot encore : Il faut que la cause de notre contradicteur soit bien mauvaise, pour qu'il se soit trouvé réduit à écrire que le général Ducrot avait bien pu demander à son ancien subordonné une lettre de complaisance, altérant la vérité, dans le but de diminuer la responsabilité du commandant en chef à Châtillon, et que le général Bonnet, de son côté, avait pu avoir la faiblesse de déférer au désir de son ancien chef.

Comment n'a-t-il pas compris qu'on n'a le droit de porter, que preuves en mains, une accusation aussi monstrueuse, également

---

nom en raison de la très haute situation qu'il occupe actuellement dans l'armée, écrivait à la personne qui lui avait communiqué notre travail : « Je viens de lire avec la plus sérieuse attention et aussi avec le plus vif intérêt le manuscrit que vous m'avez envoyé sur *Le Combat de Châtillon* ; je trouve cette étude absolument remarquable ; *elle est l'expression la plus parfaite de la vérité*, au moins dans ce que j'ai su ou vu de cette journée. Tout cela est d'accord avec mes souvenirs et avec mes notes ; je ne connaissais pas le livre de M. Duquet ; mais je n'ai aucune envie de le lire aujourd'hui, car la discussion à la fois serrée et modérée cependant de M. ..... répond victorieusement aux attaques injustifiables de ce pamphlétaire. C'est inouï combien les stratégistes en chambre et surtout les civils éprouvent le besoin de critiquer les actions des vrais militaires, et c'est absolument risible de voir quels plans sortent de leurs cerveaux..... »

Y. K.

injurieuse pour la mémoire du chef qui aurait demandé un tel service, et pour le caractère de l'officier qui l'aurait rendu, *si discipliné* qu'il ait pu être ?

Nous ajoutons qu'il faut les avoir bien peu connus, l'un comme l'autre, pour se permettre gratuitement de telles suppositions.

D'ailleurs, toute personne qui a lu ce que nous avons écrit sur Plessis-Piquet a sa conviction faite; elle sait que, contrairement à ce que dit Certans, qui prétend que nous n'avons pas eu « assez de railleries pour le fait d'armes du 15ᵉ de marche », nous avons, au contraire, rendu pleine et entière justice à sa belle conduite.

Non, nous n'avons pas « rapetissé, dans un intérêt privé, l'attitude glorieuse de ce régiment »; l'écrivain sincère ne doit ni rapetisser ni grandir aucun fait historique; son devoir est d'être exact et de retracer les événements avec leurs véritables proportions, sans *exalter* qui que ce soit.

Si un historien que la passion aveugle n'avait pas grandi outre mesure, au delà de toute raison, *contre un intérêt privé*, et surtout à l'encontre de toute vérité et de toute vraisemblance, l'attitude du 15ᵉ de marche, nous n'aurions pas eu à remettre les choses au point, ou plutôt à les faire remettre au point par le digne chef de ce brave régiment; ce n'est pas le rôle du 15ᵉ de marche qui a fait l'objet de nos critiques et de nos railleries, mais bien la relation fantaisiste qui en a été donnée dans *Paris, le 4 Septembre et Châtillon*, et nous n'avions pas à nous occuper, au point de vue militaire, de savoir si la légende que l'auteur de cet ouvrage a tenté de consacrer, « avait été célébrée par les journaux et reproduite par la gravure ».

Appréciations d'ensemble sur la journée du 19 septembre.

1° *Paris, le 4 Septembre et Châtillon*, par M. Duquet. — « Quant au général Ducrot, réduit aux seuls régiments du 14ᵉ corps, *il a eu le tort grave de ne pas engager la division de Maussion, qu'il avait sous ses ordres et à sa portée. Il aurait dû lancer au petit jour, presque tout entière et d'un seul coup*, la division de Caussade sur Vélizy et Villacoublay, la division d'Hugues sur Malabry et le Petit-Bicêtre, *pendant que la division de Maussion aurait assuré sa gauche en occupant les admirables positions de Bagneux et de Fontenay-aux-Roses, du Télégraphe et du parc Hachette. Il eût protégé sa droite en garnissant de quelques compagnies les hauteurs du bois de Meudon, depuis Vélizy jusqu'à la Capsulerie.* Les trois quarts de son artillerie établis entre Villacoublay et Vélizy, auraient balayé tout le plateau jusqu'à Montclain et jusqu'à La Cour-Roland. Ses obus pouvaient même tomber à Jouy-en-Josas ; c'étaient les trois grandes routes qui conduisent à Versailles placées sous notre feu ; rien n'aurait pu gêner davantage les mouvements tactiques de l'ennemi. Nous ne saurions trop le répéter, si la division de Caussade avait faibli, elle avait la ressource de regagner Paris par le bois de Meudon.

« Quant à la division d'Hugues, elle se serait retirée sur la redoute par le plateau, comme elle l'a fait dans de bien moins bonnes conditions. *Les plateaux dont nous étions maîtres*, bordés de grands ravins, rendaient ces opérations possibles. »

2° *Le Combat de Châtillon*, par Y. K. — « Tout cela est incohérent et contradictoire au point de devenir presque incompréhensible.

« *Engager la division de Maussion*, et plus loin : *la division de « Maussion aurait assuré la gauche en occupant les admirables « positions de...* » Voilà deux idées absolument opposées ; la première indique pour cette division *une offensive immédiate* dès le début de la journée et, dans ce cas, il faut la concentrer, c'est l'enfance de l'art, et non lui assigner, comme on le fait, *un front de 4,500 mètres de Bagneux au cimetière du Plessis-Piquet*, en passant par Fontenay et le Télégraphe ; la seconde lui affecte précisément le rôle qui lui a été donné par le général Ducrot, qui l'a placée toutefois dans des conditions meilleures, puisqu'elle ne fut pas ainsi disséminée.

« En outre, proposer d'envoyer une partie de la 3ᵉ division au Plessis-Piquet et au Télégraphe, c'est lui croire sans doute des ressources inépuisables, ou bien oublier qu'elle avait déjà le 26ᵉ de marche à la redoute dont il fallait assurer l'occupation en cas de retraite. Lui prendre un autre régiment pour l'expédier au parc Hachette, était la réduire à une seule brigade, ce qui était insuffisant pour l'occupation des positions de Bagneux, de Fontenay et du Télégraphe, et surtout pour prendre sur Sceaux,

Châtenay et Bourg-la-Reine cette fameuse offensive vouée à un échec certain.

Le général Ducrot avait résolu d'une manière plus pratique la question de la défense du Plessis-Piquet en y envoyant le 15ᵉ de marche, qu'il remplaça à la division de Caussade par le régiment de zouaves que le gouverneur venait de mettre à sa disposition ; cette combinaison avait l'avantage de donner le commandement sur un point important à un chef de corps qu'il connaissait et qu'il pouvait sans inconvénient abandonner à lui-même ; l'événement a démontré s'il eut raison.

« *Lancer au petit jour la division de Caussade sur Vélizy, la division d'Hugues sur Malabry et Petit-Bicêtre* », mais ne sont-ce pas là les objectifs indiqués dans l'ordre donné au 14ᵉ corps[1] ? Pour les atteindre, il fallait bien refouler les avant-postes placés en avant[2] ; or, on a vu que cette première opération, si simple qu'elle fût, avait échoué, à la droite surtout, à cause de l'attitude des troupes qui avait rendu la retraite nécessaire.

« Que veut bien dire : « *lancer tout entières et tout d'un coup des divisions ?* » Nous avouons ne pas comprendre.

« C'est ne se pas douter de la nécessité d'un dispositif en profondeur, et de l'importance qu'il y a, surtout avec des troupes jeunes et inexpérimentées, à les avoir dans la main jusqu'au dernier moment, afin de maintenir la cohésion et les liens tactiques ; c'est là le but des formations préparatoires de combat. D'ailleurs, La Garenne et le Petit-Bicêtre ont été attaqués par des troupes plus que suffisantes ; toute la 1ʳᵉ division a même pris son ordre de combat pour soutenir le 17ᵉ de marche, pendant que le général en chef se portait vers les zouaves, et c'était peut-être un peu prématuré ; ce qui a manqué chez les assaillants, ce n'est pas le nombre, mais la décision, qui est le résultat de l'expérience et de l'habitude du combat. Eussent-ils été plus nombreux contre les avant-postes allemands, que leur désordre n'en eût été que plus grand et plus irrémédiable, étant donné leur état moral.

---

[1] Voir cet ordre, page 23, du *Combat de Châtillon*, par Y. K., et dans *La Défense de Paris*.

[2] Avant-postes qui n'étaient que les flanc-gardes des colonnes marchant sur Versailles.

« *Protéger sa droite en garnissant de quelques compagnies les « hauteurs de Meudon depuis Vélizy jusqu'à la Capsulerie.* »

« Singulière protection, nous l'avons déjà dit, que de garnir un bois et des hauteurs de quelques compagnies sur un front de plus de 4 kilomètres. En vérité, le général Ducrot avait adopté la seule mesure de protection rationnelle et efficace pour son flanc droit, en le couvrant du régiment de zouaves, formé en échelon débordant, avec mission de marcher sur Dame-Rose et Vélizy.

« *Les trois quarts de son artillerie entre Villacoublay et « Vélizy.* »

« On devient rêveur quand on songe à cet emploi de l'artillerie placée à l'extrémité droite de la ligne, entièrement en flèche, et dont la retraite serait devenue bien difficile dans le cas d'une offensive ennemie partant de Malabry et du bois de Verrières. D'ailleurs, il tombe sous le sens que la position de l'artillerie est surtout déterminée par les objectifs à battre. Or, dès le début du combat, il fut évident qu'il fallait canonner, avant de les enlever, Petit-Bicêtre et Villacoublay; dans ces conditions, qu'eût été faire l'artillerie en se déployant sur le prolongement du front ennemi et parallèlement à ce même front ? C'est absolument incompréhensible.

« Et tout cela pour se donner le malin plaisir de balayer tout le plateau jusqu'à La Cour-Roland, où l'ennemi n'était pas, et jusqu'à Montclain, où il se fût trouvé admirablement défilé par les pentes de la vallée de la Bièvre. Quant « *à tenir sous son canon les trois grandes routes qui conduisaient à Versailles et gêner ainsi les mouvements tactiques de l'ennemi* », on ne devrait pas oublier, avant de s'exprimer ainsi, que dès qu'il fut évident pour les Allemands que l'on combattait sur le flanc droit de leurs colonnes en marche sur Versailles, leur premier soin fut de modifier leur direction, de faire face au nord, en *débouîtant des routes suivies*, qu'il importait alors assez peu d'avoir sous son feu. *Dès que leurs colonnes eurent pris un dispositif de combat face à l'attaque française*, sans passer à Jouy-en-Josas, où la chute de leurs obus ne les eût guère gênées, les routes en question ne servirent plus à leurs mouvements tactiques. Leurs flanc-gardes à Villacoublay, à Petit-Bicêtre et à Malabry leur avaient donné le temps nécessaire pour prendre leurs dispositions, grâce au peu de vigueur des troupes de notre 14ᵉ corps, tandis que des troupes décidées les eussent refoulées rapidement dans la vallée de la Bièvre.

« En résumé, si l'on peut conclure quelque chose de ces critiques singulières, leur auteur eût voulu que le général Ducrot, au lieu de refouler d'abord le rideau qu'il avait devant lui, et *sans tenir compte du fait que le gros des colonnes ennemies devait principalement se trouver devant sa gauche, d'après les renseignements fournis par les reconnaissances faites la veille, qui concordaient avec ceux donnés par la lettre du gouverneur*, il eût voulu, disons-nous, que le général Ducrot s'occupât surtout d'étendre sa droite, *absolument dans le vide*, en y portant son artillerie qui y eût été aussi inutile qu'aventurée, et s'exposant à être *rapidement rejeté, en cas d'insuccès, dans le ravin de Chaville où il aurait trouvé sa perte*, puisque l'ennemi eût tenu les crêtes et le plateau.

« Et voilà les remarquables combinaisons qu'ose exposer un auteur qui s'est permis d'écrire : « Comme Mac-Mahon et tant « d'autres généraux du second empire, le général Trochu était « un excellent colonel, un bon général de brigade et même un « bon divisionnaire ; lui en demander davantage, réclamer de « lui des plans de campagne ou des *inspirations* militaires [1], « c'était se préparer de mortelles déceptions. »

« Et ailleurs : « Il n'avait pas l'esprit propre aux combinaisons « du champ de bataille, ce qui lui défendait d'être une tête ».

3° *Le Combat de Châtillon*, par Certans. — « Voici, enfin, la dernière flèche lancée contre l'auteur de *Paris, le 4 Septembre et Châtillon* ; Y. K. rapporte mot à mot, sauf les notes qui sont accablantes pour sa thèse [2], les phrases suivantes de son *adversaire involontaire* :

(Certans reproduit ensuite une partie du texte de M. Duquet et une partie du nôtre.) — Dans une de ses notes, à propos du front assigné par M. Duquet, dans ses « combinaisons du champ de

---

[1] Lire l'opinion de Napoléon sur ce que le public croit pouvoir appeler « les inspirations militaires ».

[2] En vérité, ces notes n'ont aucune portée, le lecteur peut s'en assurer facilement, tant à cause des auteurs dont elles sont extraites qu'en raison des conclusions qu'on en peut tirer.

bataille » à la division de Maussion, on lit : « Nous le regrettons pour Y. K., ce militaire impeccable, il n'y a pas, comme il le dit, 4,500 mètres, mais 3,500. Pour un homme qui accuse les autres de ne pas savoir lire sur une carte, voilà une plaisante erreur ».

Parlant ensuite de la division de Maussion, que le général Ducrot, avons-nous dit, avait placée dans des conditions meilleures, *en la gardant concentrée*, que celles que lui eût faites M. Duquet en la dispersant sur un front de 4,500 mètres, sous prétexte de « combinaisons du champ de bataille ou d'inspirations militaires », Certans s'écrie : « *Nous le croyons bien, puisqu'elle n'était pas au feu. Le général Ducrot n'avait qu'à la placer dans les Champs-Élysées, elle eût été, selon Y. K., dans des conditions encore bien meilleures.* Mais répondons aux critiques formulées. Y. K. ne saisit pas, c'est pourtant bien simple : M. Duquet croit avec raison que si la division de Maussion, au lieu de rester aux environs de Bagneux, sans se battre, avait, dès le matin, concurremment avec les divisions d'Hugues et de Caussade, marché vers *l'ouest* [1], elle aurait grandement facilité la tâche de ces deux divisions.

« Et par le seul fait de cette marche à l'ouest, n'en déplaise à Y. K., elle s'engageait avec l'ennemi du côté du parc Hachette [2], et assurait la gauche du général Ducrot, en occupant Bagneux, Fontenay-aux-Roses [3] et ledit parc Hachette.

« Il tombe, en effet, sous le sens que l'ennemi n'aurait pas tenu à Malabry, si, attaqué déjà par la division d'Hugues, il avait constaté l'arrivée de renforts devant lui et *à sa droite*. De Fontenay-aux-Roses au parc Hachette, la division de Maussion pouvait servir à quelque chose ; placée entre Bagneux et le fort de Montrouge, elle ne pouvait que jouer le rôle piteux et inutile qu'elle a rempli.

« ... Nous répondons qu'il n'a jamais été question de marcher sur Sceaux, Bourg-la-Reine et Châtenay — (Certans voudrait-il pourtant nous expliquer comment la division de Maussion aurait

---

[1] Se figure-t-on la 3ᵉ division marchant à l'ouest le 19 au matin ? *Et l'ennemi, qu'en fait Certans ? N'était-il pas à Sceaux ;* on eût défilé devant lui !

[2] Où le 15ᵉ de marche était installé depuis vingt-quatre heures !

[3] Puisqu'elle y était, pourquoi marcher à l'ouest pour les occuper ? Si elle marchait à l'ouest, elle quittait Fontenay et Bagneux.

pu se porter, *ainsi qu'il le demandait lui-même à l'instant, à la droite de l'ennemi occupant Malabry, sans avoir attaqué, enlevé et dépassé Sceaux, et bouclé l'adversaire dans Châtenay?*), — mais bien seulement d'occuper Fontenay-aux-Roses, le Télégraphe et le parc Hachette [1], de manière à être maîtres de la ligne de hauteurs qui commande Bourg-la-Reine et Sceaux. Enfin, n'est-il pas préférable de se servir d'un régiment plutôt que de laisser une division inactive ?

« Même si la moitié de la division de Maussion n'avait pu atteindre le parc Hachette, la partie, si minime qu'elle fût, qui s'y serait retranchée, aurait bel et bien servi au général d'Hugues et gêné les Allemands [2]. En un mot, il fallait que le général de Maussion aidât au mouvement ; il s'en est désintéressé. Libre à Y. K. de trouver que c'est le comble de l'art : nous pensons, nous, que c'est une grosse faute!

« ... Décidément, Y. K. n'a pas l'intelligence très ouverte. Mais d'abord, quand on fait une citation, il est d'usage de la faire exacte et de ne pas ôter certains mots et en ajouter d'autres [3]. Or, on lit dans *Paris, le 4 Septembre et Châtillon* : « Le général Ducrot « aurait dû lancer *presque tout entière et d'un seul coup la division* « *Caussade*, etc. » (Dans notre texte, il s'est glissé une légère erreur qui, d'ailleurs, ne fait rien à l'affaire : nous avons écrit lancer *tout entière* au lieu de *presque tout entière* [4]). Il y a là une *nuance* qui a son importance, continue Certans, et nous relevons l'inexactitude commise. Aussi bien, la phrase de M. Duquet est bien claire, quoique obscure pour Y. K. Lancer une division presque tout entière et d'un seul coup, cela veut dire qu'il ne faut pas l'engager par petits paquets. *Nous rougissons d'avoir à donner de pareilles explications à un professeur d'art militaire, et il le faut bien, puisqu'il semble ignorer l'A, B, C de la guerre...*

---

[1] Points qui étaient tous occupés pourtant.
[2] Pas plus que le 15ᵉ de marche, sans doute !
[3] Singulière remarque de la part de notre contradicteur.
[4] L'omission du mot *presque* se trouve à la page 75 de notre étude sur Châtillon, et elle perd toute importance par le fait que la phrase où elle figure n'avait pour but que de remettre en mémoire au lecteur un point des nombreuses critiques de M. Duquet, que nous nous proposions de discuter, après les avoir reproduites deux pages plus haut, page 73, et cela d'une manière littérale, puisqu'on y lit : « Il aurait dû lancer au petit jour, *presque tout entière...* »

« Remarquons, à ce sujet, que Y. K., qui n'admet pas que quelques compagnies puissent protéger les *pentes abruptes et boisées* qui s'élèvent de Vélizy à la Capsulerie, nous dira tout à l'heure qu'il suffit, pour qu'une troupe *trouve sa perte, que l'ennemi tienne les crêtes et le plateau* [1]. Eh bien ! grand capitaine, est-ce que, dans l'hypothèse de M. Duquet, les Français ne tenaient pas le plateau de Meudon et les crêtes ? Franchement, le général Ducrot aveugle son avocat et l'entraîne à de plaisantes contradictions...

« Il paraît, au dire de l'ami du général Ducrot, que l'ennemi ne passait pas à Montclain et à Jouy-en-Josas. Or, le récit du grand état-major prussien dit positivement, page 63, que le Ve corps prussien *devait se porter* sur Versailles par Jouy-en-Josas, par Bièvre et par l'Hôtel-Dieu, et, par conséquent, par Montclain [2].

« Mais, ce qui est plus fort, c'est la désinvolture avec laquelle Y. K. s'écrie : « Eh bien ! si les Français avaient balayé les routes
« de l'est à l'ouest, les Prussiens se seraient réfugiés sur celles
« tracées du sud au nord [3] ». Il paraît, d'après lui, que les obus français, redoutables pour les premières, devenaient inoffensifs pour les secondes. Mystère et profondeur !

« Et ce qu'il y a de plus curieux, de plus drôle même, c'est ce critique reprochant à M. Duquet d'avoir préconisé la mise sous le feu de nos canons des trois grandes routes de Versailles, prétendant que ce n'est pas sérieux, et écrivant ensuite : « Les Prus-
« siens *se sont établis* à Villacoublay, au Petit-Bicêtre et à Mala-
« bry, grâce au peu de vigueur des troupes du 14e corps, tandis
« que des troupes *décidées les eussent refoulées rapidement dans*
« *la vallée de la Bièvre* ».

« Voilà pourquoi M. Duquet aurait voulu que les troupes peu décidées du 14e corps donnassent en plus grand nombre possible, la qualité se trouvant quelquefois remplacée par la quantité [4], et

---

[1] Est-il besoin de faire remarquer que Certans nous prête une absurdité dont nous n'avons jamais écrit un mot.

[2] Dans le cas où aucune attaque des Français ne se serait produite.

[3] Le lecteur qui a lu plus haut notre discussion sait que nous n'avons jamais écrit un seul mot d'une telle insanité, *que Certans ne craint pas de placer dans son texte entre guillemets, tout comme si elle était extraite du nôtre !*

[4] Nous renvoyons Certans à l'opinion catégoriquement contraire du maréchal Bugeaud, dont la compétence peut à la rigueur supporter la comparaison avec celle de M. Duquet.

voilà pourquoi Y. K., en reconnaissant que les Allemands pouvaient être refoulés rapidement dans la vallée de la Bièvre (*nous avons écrit l'inverse et dit qu'elles auraient pu l'être avec des troupes décidées qui nous manquaient*), se contredit une nouvelle fois.

« Mais, nous arrivons au dernier reproche. . . . . Non, Y. K., l'auteur n'a jamais demandé que le général Ducrot étendît indéfiniment sa droite dans le vide ; il eût désiré que le commandant du 14ᵉ corps ou restât tranquille à la redoute de Châtillon, ce qui nous l'eût probablement conservée (*nous avons prouvé le contraire et Certans n'a rien répondu*), ou se portât en avant avec toutes ses forces, ce qui eût eu non moins probablement pour conséquence le recul des Allemands.

« M. Duquet pense que le moyen terme, adopté par le général Ducrot, fut, comme toutes les solutions mixtes, le plus mauvais ; *que de plus il a mal dirigé l'affaire*, ou mieux ne l'a pas dirigée du tout.

« Ceux qui ont lu ou liront *Paris, le 4 Septembre et Châtillon*, à tête reposée et sans passion, sont ou seront de son avis.

« Quant à l'indignation de l'avocat du général Ducrot causée par le peu de cas que fait M. Duquet du maréchal de Mac-Mahon, de nombre de généraux du second empire et du général Trochu comme stratégistes ou tacticiens [1], elle explique pourquoi Y. K. ne comprend pas si souvent les passages du livre qu'il attaque ; en effet, un admirateur des capacités militaires susnommées ne doit pas avoir le cerveau bien propre aux conceptions du champ de bataille ».

Nous rappellerons d'abord à notre contradicteur ces lignes de l'éminent officier général qui faisait paraître, en 1892, une brochure intitulée : « *Le Combat et les Feux de l'infanterie ; de l'Offensive et de la Défensive* », lorsqu'il écrivait, au sujet d'une étude de la *Revue des Deux Mondes* qui fit bien du bruit lors de sa publication : « Enfin, dans l'une des dernières livraisons de la *Revue des Deux Mondes*, ce n'est plus un militaire, mais un journaliste politique qui nous rend le service d'examiner la question.

---

[1] La réciprocité en ce qui concerne M. Duquet comme historien militaire cause une indignation aussi vive et bien amusante à Certans.

Seulement, au lieu de s'en tenir à la sèche étude des principes, il se complaît visiblement dans le récit de ce qu'il lui a été permis d'entendre, et se basant sur les conversations auxquelles il a pu prendre part, il *s'érige en juge des plus hautes personnalités de l'armée. Il n'est, je crois, pas nécessaire d'entrer en discussion avec ce militaire amateur, son individualité, au point de vue militaire, bien entendu, n'étant d'aucun poids dans la balance et donnant peu d'autorité à ses jugements* ».

Ces lignes s'appliquent exactement à cette catégorie d'écrivains, dont fait partie M. Duquet, qui se sont permis d'écrire à tort et à travers leurs impressions sur les opérations de la dernière guerre, s'imaginant qu'on peut aborder un tel sujet, tout comme un roman ou une critique théâtrale. Cela posé, que disent donc ces fameuses notes qui, s'il fallait en croire Certans, seraient écrasantes pour notre thèse ?

Que, des bords des ravins de la Bièvre, on pouvait canonner les routes qui mènent à Versailles..., qui le conteste, qui l'a jamais contesté ? Là n'est pas la question. Le tout est de savoir s'il nous a été possible d'atteindre ces bords des ravins de la Bièvre, qui constituaient la deuxième position d'artillerie, indiquée dans l'ordre du 18 par le général Ducrot, et dont l'accès nous a bel et bien été interdit par les flanc-gardes des colonnes allemandes en marche sur Versailles.

La seule cause de cet échec, nous l'avons prouvé, a été dans la faiblesse des troupes qui fut telle qu'on ne pouvait la soupçonner avant l'épreuve. Quand donc M. Duquet écrit que nous étions maîtres des plateaux, il se trompe comme toujours : nous n'aurions pu être considérés comme tels qu'après le refoulement des flanc-gardes allemandes qui nous empêchaient de border les crêtes des plateaux, et contre lesquelles nous fûmes impuissants.

Merci à Certans de sa leçon sur la lecture des cartes. Hélas ! elle se retourne contre lui. La mesure d'une distance sur la carte est une chose si élémentaire que nous ne nous sommes pas permis d'attribuer à autre chose qu'à la légèreté ou à l'omission volontaire certaines erreurs que nous avons relevées dans le texte de M. Duquet, par exemple quand il écrit que le général Ducrot « a laissé le 15e de marche seul à plus de 2,000 mètres de nos lignes avancées », alors que le bataillon du 26e de marche qui lui servait de repli était à moins de 600 mètres de la lisière nord du Plessis-Piquet, et à moins de 1200 mètres des tirailleurs du colonel Bonnet qui étaient en première ligne ; nous avons simplement pensé que l'auteur de *Paris, le 4 Septembre et Châtillon*, qui ne fait aucune allusion à ce bataillon de repli qui pourtant maintint sa position jusqu'à la fin et contribua à soutenir la retraite du 15ᵉ de marche, avait eu quelque distraction en étudiant la question ou qu'il n'avait pas voulu qu'il fût dit qu'il y avait un échelon de liaison, afin de pouvoir reprocher au général Ducrot de n'en avoir pas établi. Mais puisque Certans considère que la mesure des distances sur les cartes est chose assez délicate pour être sujette à erreur, nous lui ferons remarquer que de Bagneux au parc Hachette [1], il y a sur la carte au 1/20,000, *très exactement, en ligne droite*, à vol d'oiseau, 205 millimètres, ce qui, à l'échelle de la carte, donne 4,100 mètres, et, si l'on tient compte des sinuosités du front indiqué par M. Duquet, 225 millimètres, soit 4,500 mètres par Fontenay et le Télégraphe. Sur la carte au 1/80,000 on trouve dans le premier cas 51 millimètres, soit 4,080 mètres, et dans le second, 56 millimètres 1/2, soit 4,500 mètres.

Nous retournons donc à notre contradicteur sa petite leçon, en lui faisant observer pourtant que, comme il la donne en manière de rectification, on ne peut l'attribuer à une inattention ou à une faute d'impression, et qu'il faut par conséquent prendre au sérieux son erreur qui alors n'est pas « plaisante », mais devient fort grossière.

Relevons en passant cette plaisanterie d'un goût douteux, « de la division de Maussion qui, selon nous, dit Certans, eût été encore bien mieux aux Champs-Élysées. » Ainsi, toute troupe en échelon en arrière d'une aile, par le seul fait qu'elle n'est pas engagée dès le début, est inutile, et on ferait mieux de la laisser aux Champs-Élysées !

Que veut donc dire Certans, en écrivant que la division de

---

[1] Nous mesurons de l'église de Bagneux à l'extrémité sud-ouest de l'enclos contigu au parc Hachette, qui fut occupé par le 1ᵉʳ bataillon du 15ᵉ de marche, parce que cet enclos fait nécessairement partie intégrante des défenses sud de la position du Plessis-Piquet. La distance ainsi mesurée est d'ailleurs la même que celle de Bagneux au cimetière de Plessis-Piquet, cette dernière étant même un peu supérieure.

Maussion eût dû, dès le matin, « marcher vers l'ouest, de manière à s'engager avec l'ennemi du côté du parc Hachette et à assurer la gauche du général Ducrot en occupant Bagneux, Fontenay-aux-Roses et ledit parc Hachette ? » Il n'y a rien à répondre, puisque tous ces points étaient occupés effectivement par la 3e division et par le 15e de marche qui assuraient la gauche des troupes engagées sur le plateau.

Marcher à l'ouest pour occuper Bagneux, Fontenay et le parc Hachette où l'on était installé depuis la veille ! *Déborder la droite ennemie à Malabry, sans prendre l'offensive sur Sceaux qui était en avant de cette droite, et sur Châtenay placé à sa hauteur !* C'est à croire que Certans a embrouillé comme à plaisir ses explications afin de décourager tout contradicteur éventuel ; sa tâche est tellement impossible qu'il retombe immédiatement dans les mêmes contradictions que l'auteur dont il a pris la défense. Ses explications ne sont que des aggravations.

Il paraîtrait que la division de Maussion « placée *entre Bagneux et le fort de Montrouge*, ne pouvait que jouer le rôle piteux et inutile qu'elle a rempli ». Mais, et des batteries divisionnaires (de Miribel) sur l'éperon au sud de Bagneux, et des bataillons à l'est du village, et du bataillon occupant Fontenay, et du régiment occupant la redoute, qu'en fait Certans ? Le gros de la division était en réserve derrière Bagneux, sans doute ; peut-être notre adversaire l'eût-il voulu déployé tout entier dès le début, pour éviter les « petits paquets » ; en réalité, cette division était admirablement disposée pour jouer dans tous les cas un rôle important, et s'il devint inutile, c'est grâce à l'ordre de retraite intempestif que lui envoya le général Appert, contrairement aux vues du général en chef et à son insu.

En résumé, la 3e division était en réserve, les deux autres étant engagées ; son maintien en arrière de notre droite était légitimé par le seul fait que Bagneux commandait le débouché de la vallée de la Bièvre, et que l'abandonner pour entreprendre une offensive irréalisable avant de savoir comment tournerait l'affaire engagée sur le plateau *avec autant de monde qu'il en fallait*, c'était permettre à l'ennemi, maître de Bourg-la-Reine, de gagner le haut Châtillon par Bagneux, et de tourner d'un même coup la redoute et les troupes combattant sur le plateau.

Donc, l'occupation de Bagneux et de Fontenay, d'une part, par la division de Maussion détachant un régiment à la redoute, celle du Plessis-Piquet d'autre part par le 15e de marche, l'échelonnement du bataillon du 26e de marche sur les pentes du Télégraphe étaient le développement d'une seule et même idée qui provenait d'une appréciation très sage et très exacte de la situation et des propriétés relatives des diverses portions du champ de bataille.

Après la petite leçon de lecture des cartes, voilà que Certans daigne nous gratifier d'une deuxième, qu'il rougit, dit-il, d'avoir à nous donner sur ce qu'il appelle l'A B C de la guerre.

Nous lui donnons acte de l'erreur que nous avons faite involontairement en reproduisant le texte de M. Duquet, et en écrivant « *une division tout entière* » au lieu de « *presque tout entière* »; mais elle a si peu d'importance que nous ne nous expliquons pas le sérieux avec lequel « il relève l'inexactitude commise ».

Envoyer des divisions « tout entières » ou « presque tout entières »; c'est tout un.

Quand on veut n'être pas discuté, il faut être précis, comme lorsque l'on donne un ordre, et au lieu de demeurer dans des généralités, dire : engager un régiment, une brigade, trois régiments. Les mots « presque tout entières » sont des termes vagues qui ne sauraient convenir dans une critique d'opérations militaires où les proportions sont si faciles à déterminer nettement par l'indication des unités.

Ainsi, d'après M. Duquet et son défenseur, l'A B C de la guerre consiste à avoir peu ou pas de réserves, sous peine d'action par petits paquets; il faut engager tout ou presque tout à la fois.

Nous ne donnerons pas de leçon à Certans; nous le renverrons à celles du colonel (aujourd'hui général) Maillard; l'éminent professeur du cours de tactique générale et du cours d'Infanterie à l'École supérieure de guerre, actuellement commandant de l'École de St-Cyr, s'exprime ainsi : « *Aborder l'ennemi d'emblée, dit-on, avec tous ses moyens; et l'on culbutera ses avants-gardes !* » A cela nous répondons : *On fera le jeu de l'ennemi, on s'usera, on se déploiera devant un rideau, et l'ennemi disposera, avec chances de succès, de toutes ses forces contre l'armée victorieuse de ses avants-gardes, mais déployée, et incapable de changer ses dispositions* [1] ».

---

[1] Certans ignore-t-il que les troupes engagées ne manœuvrent plus ? Ne

Faut-il en outre répéter ce que nous avons déjà surabondamment établi : que ce n'est pas l'infériorité numérique, mais l'attitude des troupes, qui a fait échouer l'attaque de La Garenne.

Dans notre étude sur Châtillon, page 77, nous avons écrit qu'en « s'étendant vers sa droite (comme le demande M. Duquet), le général Ducrot se fût exposé à être rapidement rejeté, en cas d'insuccès, dans le ravin de Viroflay et de Chaville, où il eût trouvé sa perte, puisque l'ennemi (dont le gros se trouvait en force devant sa gauche) eût tenu les crêtes et le plateau ». Et à propos de notre juste critique adressée à M. Duquet qui prétend, contrairement au bon sens le plus élémentaire, que le commandant en chef « eût pu protéger sa droite, en *garnissant de quelques* [1] *compagnies* les hauteurs du bois de Meudon depuis Vélizy jusqu'à la Capsulerie », en les plaçant par conséquent en potence, c'est-à-dire, dans la plus détestable des formations en face de l'artillerie moderne, et sur un front de plus de 4 kilomètres, Certans s'est permis d'écrire : « Remarquons à ce sujet que Y. K. qui n'admet pas que quelques compagnies puissent protéger les pentes abruptes et boisées [2] qui s'élèvent de Vélizy jusqu'à la Capsulerie, nous dira tout à l'heure *qu'il suffit* « *pour* « *qu'une troupe trouve sa perte*, que l'ennemi tienne les crêtes et « le plateau ».

Ainsi, constater qu'une troupe novice, rejetée après un insuccès, dans des ravins dont l'ennemi tient les crêtes et les plateaux qui y aboutissent, doit trouver sa perte, ce que personne ne songera à contester, est synonyme de cette absurdité que nous n'avons jamais écrite, bien que Certans se permette de la citer entre guillemets, sans plus de façons et tout comme s'il l'avait trouvée dans notre texte : « Il suffit, pour qu'une troupe trouve sa perte, que l'ennemi tienne les crêtes et le plateau. »

Nous ne relèverons pas l'espèce de chant de victoire : « Eh

---

sait-il pas que l'engagement de presque toutes ses forces, dès le début, ne conduit qu'à la bataille parallèle, interdit la bataille manœuvre, qui n'est autre que la bataille napoléonienne ?

[1] Toujours des termes vagues.

[2] Certans ignore que des pentes abruptes et boisées seraient plus difficiles à couvrir dans ces conditions que des pentes douces et aux abords découverts, parce qu'elles manquent de champ de tir, que des groupes aussi faibles que quelques compagnies y sont perdus et ne se voient pas les uns les autres ; en

bien! grand capitaine, etc....., qu'entonne notre contradicteur, qui devrait être plus modeste et rougir, cette fois à juste titre, du procédé inadmissible auquel il s'est permis d'avoir recours en désespoir de cause.

Il paraîtrait que nous prenons « les lecteurs pour ce qu'ils ne sont pas, en écrivant que M. Duquet a proposé d'installer l'artillerie du général Ducrot entre Vélizy et Villacoublay, avant que cette ferme et Petit-Bicêtre [1] fussent enlevés. » — Y. K., dit Certans, n'a qu'à relire avec soin ce passage de son adversaire et nous « sommes sûrs qu'il finira par comprendre. »

Malheureusement pour Certans et M. Duquet, nous avons eu beau relire, notre critique demeure entière; le lecteur, auquel nous ne cachons rien, contrairement à notre adversaire, n'aura qu'à rapprocher les textes pour s'en convaincre ; nous ne pouvons juger que « sur ce qui est écrit » et non sur ce qu'on a « voulu dire. »

Du moment qu'il est acquis que les attaques sur Petit-Bicêtre et sur La Garenne ont échoué par le seul fait du peu de vigueur des troupes, pourquoi venir parler d'artillerie entre Vélizy et Villacoublay puisque, de l'aveu même de Certans, la marche du combat n'a pas permis de porter nos batteries sur les crêtes de la vallée de la Bièvre, comme le général Ducrot l'avait prescrit, en cas de succès contre les avant-postes allemands? Pourquoi reprocher au général de n'avoir point installé ses pièces sur des emplacements que les événements ne nous ont pas permis de gagner?

---

un mot des pentes de cette nature facilitent les approches et les surprises. Certans n'a certainement aucune idée de la valeur relative des différents terrains.

[1] Nous ferons remarquer à Certans que son explication est inacceptable : en effet, parler du déploiement de notre artillerie sur la ligne *Vélizy — Villacoublay*, après l'enlèvement de *Petit-Bicêtre* et de *Villacoublay* et le refoulement des flanc-gardes allemandes dans la vallée de la Bièvre, est tout aussi peu raisonnable que l'idée d'abord émise par M. Duquet d'installer nos pièces entre ces deux points dès le début de l'action ; car, si l'on avait réussi dans les premiers engagements, c'est, comme l'avait prescrit le général Ducrot dans son ordre du 18 septembre, *sur les crêtes de la vallée de la Bièvre* qu'il eût convenu d'établir nos canons, et non sur une ligne distante de ces crêtes de 1500 à 2,000 mètres, ligne d'où ils n'auraient eu d'action que sur le plateau, action inutile, puisqu'il eut été évacué par l'ennemi dans l'hypothèse qui nous occupe, et d'où ils n'auraient eu ni vues sur la vallée de la Bièvre, ni effet sur les plateaux qui la dominent au sud, lieu obligé du rassemblement d'une partie des colonnes allemandes après le refoulement de leurs flanc-gardes.

Mais nous commençons à être habitué aux explications dans lesquelles « remplir un bois » veut dire « ne pas le remplir, bien entendu », où « tout entier » est synonyme de « la moitié, » et où l'on vous dit que ce qui est écrit « pris à la lettre » ne signifie rien, mais bien seulement ce qu'on a « voulu dire. »

Il paraîtrait que nous nous sommes trompé en disant *qu'après leur passage de l'ordre de marche vers l'ouest à l'ordre de combat vers le nord*, dès que leurs flanc-gardes de droite furent attaquées, les troupes allemandes ne passèrent pas à Jouy-en-Josas, où la chute de nos obus ne les eût guère gênées, et qu'à Montclain les pentes de la Bièvre les eussent admirablement défilées.

Et Certans de nous répondre que le récit de l'état-major allemand « dit positivement, page 63, que le Ve corps devait se porter sur Versailles par Jouy-en-Josas, par Bièvres et par l'Hôtel-Dieu, par conséquent par Montclain. »

Décidément, Certans a encore moins idée de la guerre que nous ne supposions.

On sait que l'état-major allemand considérait comme improbable toute offensive de la garnison de Paris[1]. Il avait donc tracé ses ordres de marche, abstraction faite de l'hypothèse de la rencontre de l'adversaire, tout en échelonnant sur le flanc droit des colonnes des troupes destinées, dans le cas d'une attaque si improbable qu'elle pût paraître, à leur donner le temps de quitter leurs formations de marche, *sur les routes, vers l'ouest*, pour passer à des formations de combat, *hors des routes, face au nord*. Et comme cette attaque s'est réalisée, la marche suivant l'itinéraire indiqué *sur les routes*, n'a été reprise qu'après la fin de l'engagement. Quand nous écrivions, à propos du combat, que la chute de nos obus n'eût guère gêné les Allemands à Jouy-en-Josas, où ils ne sont pas passés, cela signifiait jusqu'à l'évidence : où ils ne sont pas passés après la prise de la formation de combat et pendant l'action. Quant à Montclain, nous avons dit page 33, que le régiment de grenadiers du roi n° 7, le 5e bataillon de chasseurs, 2 escadrons de dragons et 2 batteries lourdes de la

---

[1] Lire dans *Le Combat de Châtillon*, page 23, les divers documents qui justifient cette affirmation, entre autres les ordres donnés par l'état-major allemand, le 15 septembre, pour l'investissement de Paris, et dans lesquels il est dit qu'il est « hors de supposition » que l'ennemi prenne l'offensive.

9e division, le traversèrent pour se porter sur Villacoublay et, dans le passage incriminé, nous n'avons pas écrit davantage que les Allemands n'y passèrent pas, mais bien que les Allemands y eussent été admirablement défilés par les pentes de la vallée de la Bièvre.

D'ailleurs, c'est cette entière ignorance du rôle des flanc-gardes et des avant-gardes, au sujet desquelles nous recommandons à Certans l'étude des chapitres V et VII des *Éléments de la Guerre*, du général MAILLARD, qui a empêché cet étrange critique de comprendre ce que nous avons écrit sur le rôle des troupes allemandes qui, du plateau de Châtillon, couvraient le flanc droit des colonnes en marche sur Versailles, et sur le déboîtement de ces mêmes colonnes en dehors des routes, vers le nord, au premier bruit du combat.

Où a-t-il lu dans notre texte : « Eh bien ! si les Français avaient balayé les routes de l'est à l'ouest, les Prussiens se seraient réfugiés sur les routes tracées du sud au nord. » « Il paraît, d'après Y. K., ajoute-t-il, que les obus français, redoutables pour les premières, devenaient inoffensifs pour les secondes ; mystère et profondeur ! » C'est ainsi qu'il traduit, en citant son interprétation entre guillemets, procédé inqualifiable, la phrase où nous disions : « Dès qu'il fut évident pour les Allemands que l'on combattait sur le flanc droit de leurs colonnes en marche, leur premier soin fut de modifier leur direction, de faire face au nord en déboîtant de ces mêmes routes qu'il importait alors assez peu d'avoir sous son feu. Dès que leurs colonnes eurent pris un dispositif de combat, face à l'attaque française (qui à ce moment était séparée d'eux par le rideau protecteur des flanc-gardes), sans passer par Jouy-en-Josas (où la chute de nos obus ne les eût guère gênées), les routes en question ne servirent plus à leurs mouvements tactiques. »

Nous ajouterons « pas plus que les routes tracées du sud au nord », car, en dispositif de combat, on abandonne les routes soumises au feu, on ne s'y réfugie pas, comme nous le fait dire Certans, qui n'hésite pas à avoir recours à l'altération des textes, et même en imagine, et Dieu sait lesquels, qu'il place entre guillemets et prête à son adversaire.

Nous passons sur cette affirmation qu'en restant tranquille à la redoute de Châtillon, le général Ducrot nous l'eût conservée ;

nous avons démontré d'une manière trop complète (pages 9 et 10 du *Combat de Châtillon*) l'inanité de cette opinion pour qu'il nous soit nécessaire d'y revenir, d'autant plus qu'il n'a été répondu à aucun de nos arguments à ce sujet, et qu'il ne suffit pas d'une affirmation sans preuves pour infirmer notre manière de voir.

Mais là où Certans nous étonne, c'est quand il qualifie de moyen terme l'attaque ordonnée et conduite par le général Ducrot le 19 septembre au matin ; pour lui, c'est une « solution mixte », c'est-à-dire ce qu'il y a de pis, entre l'inaction complète qu'il préconise ou l'attaque avec toutes les troupes engagées tout d'un coup, comme le demande M. Duquet.

Moyen terme : l'offensive prise par deux divisions sur trois du 14ᵉ corps, avec toute l'artillerie, dans des conditions qui eussent assuré un plein succès si les régiments engagés se fussent conduits comme le 19ᵉ et surtout comme le 15ᵉ de marche ; le flanc gauche solidement appuyé par l'occupation du Plessis-Piquet ; la retraite parfaitement assurée ; la 3ᵉ division formant échelon en réserve derrière l'aile gauche, prête à appuyer le mouvement en cas de succès et à empêcher les conséquences d'un désastre ; enfin, derrière la droite, en échelon débordant, tout un régiment qu'on ne pouvait deviner devoir disparaître devant les premiers obus.

Le général Ducrot, d'après M. Duquet, nous dit Certans, a mal dirigé l'affaire ou ne l'a pas dirigée du tout. Mais de quelle importance peut bien être l'opinion de M. Duquet en pareille matière ? Il ignore en quoi consiste une action de guerre, cela ressort de tous ses récits ; il n'a jamais distingué ce qui est la part du commandant en chef du rôle qui incombe aux chefs des unités subordonnées ; sa conception de la direction du combat est celle que critique avec tant de verve le maréchal de Saxe, dans l'extrait que nous avons cité[1].

Enfin, il paraîtrait que notre admiration pour les capacités militaires du second empire, telles que Mac-Mahon, Trochu, etc., nous empêche d'apprécier à leur valeur les combinaisons prônées

---

[1] En lisant les *Batailles de la Marne*, par M. Duquet, nous avons constaté qu'il avait modifié sa manière de voir à ce sujet. Mais comme il ne se doute pas qu'à la guerre il n'y a que des cas particuliers, toujours dissemblables, ne se prêtant ni à des formules ni à des règles fixes, il a complètement méconnu le caractère tout spécial de la bataille du 30 novembre.

par M. Duquet, ce qui prouve que nous n'avons pas « le cerveau propre aux conceptions du champ de bataille ».

La partie de ce travail, qui a trait aux opérations en Alsace et à celles de l'armée de Châlons, nous dispense de nous défendre contre cette accusation d'admiration irréfléchie pour les chefs de nos armées de 1870 ; mais ce que nous maintenons, c'est que nous avons le droit de reprocher à un homme de lettres ses écarts de langage vis-à-vis d'hommes qu'il n'a pas les moyens de juger en connaissance de cause, qui ont peiné une partie de leur existence devant l'ennemi, qui ont pu se trouver inférieurs à des situations auxquelles rien ne les avait préparés, parce qu'ils subissaient l'influence du milieu dans lequel ils vivaient, qui n'ont peut-être pas toujours vu juste, mais qui ont toujours cherché à faire de leur mieux, et qui, il importe de l'ajouter, ont eu souvent à exercer le commandement dans des conditions déplorables dont ils n'étaient pas les auteurs.

Pour savoir si l'on a le cerveau propre aux combinaisons du champ de bataille, encore faut-il savoir ce qu'est un champ de bataille ; sans quoi, comme disait Frédéric II, on ressemble aux chanteurs « qui veulent chanter sans savoir la musique » et l'on chante faux !

LA MALMAISON.

M. Duquet a consacré un volume à la partie du siège de Paris à laquelle il donne pour titre : *Paris, La Malmaison, Le Bourget, le 31 Octobre*. Nous estimons que ce serait peine perdue que de chercher à y répondre dans le détail.

Tout en reconnaissant que le côté politique y est remarquablement traité, bien que l'auteur ne se soit pas toujours rendu compte des difficultés de certaines situations, il nous faut bien dire que la partie militaire y est toujours entachée des mêmes défectuosités.

Un bataillon est-il mal engagé, insuffisamment soutenu, voire même à l'extrême droite de la ligne de bataille, une batterie se trouve-t-elle compromise par suite des incidents de la lutte, que le général en chef est immédiatement incriminé : « La lorgnette de M. Ducrot (*sic*) était-elle si mauvaise qu'elle ne lui permît pas de distinguer *ce qui se passait à 2 kilomètres de lui ?* »

Notez qu'il s'agit d'un pays très coupé, couvert d'arbres, très accidenté ; en lisant M. Duquet, on serait tenté de croire que l'action s'est passée sur le Champ-de-Mars.

C'est, du reste, à propos du bataillon du commandant Jacquot que cette amusante critique est formulée. Or, dans cette affaire de La Jonchère, la faute commise, *si toutefois on peut taxer de faute la trop grande ardeur d'un chef brave entre tous, qui l'a, d'ailleurs, payée de sa vie*, l'a été par l'infortuné commandant[1], qui, entraîné par son bouillant courage, *a pris le commandement direct de sa seule compagnie de tête*, qui avait assez de son capitaine pour la conduire, oubliant, trop mêlé à la lutte dès le début de l'action, de la faire suivre, pour l'appuyer au moment voulu, par les autres compagnies de son bataillon. Et c'est là une faute fréquente que l'on a souvent occasion de redresser, même aux manœuvres. Le chef de plusieurs unités, au lieu de diriger l'ensemble de leur

---

[1] Qu'on ne nous objecte pas par la suite que nous avons tort de parler ainsi d'un officier supérieur mort à l'ennemi. La façon dont M. Duquet a qualifié des généraux tués également en combattant, les généraux Legrand, Renault, etc., nous dispenserait de répondre.

action commune, après leur avoir assigné des objectifs, a la prétention de vouloir en conduire personnellement une ou plusieurs, se porte prématurément sur la ligne de combat, où, absorbé par le détail ou par les incidents qui se passent autour de lui, il est vite hors d'état de remplir son véritable rôle et n'est plus à portée de ses réserves, qui sont pourtant son seul et unique moyen de modifier la marche du combat et d'en régler le développement, suivant les circonstances et le but à atteindre.

Précisément, le jour de La Malmaison, le général en chef dont M. Duquet incrimine la prétendue inertie, et qu'il eût voulu, sans doute, voir commander un à un tous ses bataillons, n'avait qu'à surveiller l'*ensemble* de la lutte, engagée par plusieurs colonnes, véritables unités de combat, disposant de tous leurs moyens, ayant chacune un objectif défini ; il se tenait sur une position dominante, à portée de fortes réserves d'artillerie et d'infanterie, qui n'avaient pas, en principe, à prendre part à l'opération très limitée qu'il avait en vue, mais que, par une sage précaution, il tenait à avoir sous la main en cas d'événements imprévus. En cela, il avait doublement raison : d'abord, à cause du doute où l'on était encore, avant le combat de La Malmaison, sur la solidité du 14e corps, et ensuite parce que le chef qui prend l'offensive doit toujours se ménager en arrière des points d'appui, comme le général Ducrot l'avait déjà fait le 19 septembre. Dans ces conditions, ce n'était pas son affaire, et il n'en avait pas, d'ailleurs, la possibilité matérielle à cause du temps nécessaire à la transmission des renseignements et au retour des ordres, ce n'était pas son affaire, disons-nous, d'intervenir aux lieu et place du commandant de chacune des colonnes qui disposaient de leurs réserves particulières, dans la direction de détail des combats livrés par eux.

Comment ne pas comprendre qu'un commandant en chef qui, par un procédé ingénieux, trouverait le moyen d'être tenu au courant des mille incidents du champ de bataille, et qui se réserverait de donner à tout solution par lui-même, se mettrait du coup dans l'impossibilité d'exercer le haut commandement qui lui revient ?

L'objectif à atteindre était si nettement indiqué dans l'ordre général du 20 octobre, donné la veille de l'engagement, où il était dit que *sous aucun prétexte, les troupes ne dépasseraient le pont de Bougival*, que l'on reste confondu en voyant M. Duquet reprendre cette mauvaise plaisanterie, qu'en réalité, on avait voulu tenter une sortie sur Versailles, sortie qui n'aurait avorté qu'en raison de l'impéritie du général en chef[1] !

Le général Ducrot, qui n'était pas tenu de rédiger ses ordres de mouvement en vue des ergotages auxquels on devait se livrer 23 ans plus tard, se fût-il moins nettement expliqué, que la composition des colonnes dont l'effectif total n'atteignait pas 10,000 hommes, réserves comprises, les objectifs à elles assignés, la concentration de la lutte sur notre droite, l'heure tardive du début de l'engagement, tout en un mot prouverait jusqu'à l'évidence, qu'il n'était jamais entré dans ses vues, pas plus que dans celles du gouverneur de Paris, de livrer ce jour-là une bataille avec Versailles pour objectif.

A qui peut-on bien espérer faire croire que le général Ducrot, qui poussait en ce moment d'une manière intensive les préparatifs d'attaque par Houilles-Bezons, serait aller tenter au préalable, avec des moyens réduits, une « trouée » sur Versailles, alors que, mieux que tout autre, il était fixé sur la valeur des obstacles qui hérissaient cette direction, et que, pendant le siège, toutes les fois que l'idée d'une action sur Versailles, avec le mont Valérien pour base, a été mise en avant, il n'a jamais manqué de la combattre, déclarant, ce qui était absolument exact d'ailleurs, que de tous les champs de bataille des environs de Paris, c'était là le plus défavorable ? Non ! il ne s'agissait bien que d'une simple reconnaissance, dans le double but de constater l'état des troupes du 14e corps avant de se lancer dans une entreprise de longue haleine, et de s'assurer la possession de certains points nécessaires aux projets ultérieurs de sortie.

M. Duquet a beau écrire : « C'est donc un simple essayage que tente le général Ducrot... telle est du moins l'explication que le général Ducrot donnera après coup » ; il a beau reprendre un thème qui a déjà servi à tant de divagations, tout ce qu'il a déjà

---

[1] N'est-il pas étrange de voir M. Duquet déclarer à la page 15 du récit du combat de La Malmaison, que le fait d'avoir hissé, *à une heure et demie*, sur le Mont-Valérien, des pavillons de combat, a donné l'alarme aux Allemands, alors qu'il écrit, page 19, que « l'état-major prussien qui, depuis quelques jours, pressentait une attaque..., avait été prévenu *un peu après midi*, des mouvements des troupes françaises descendant du Mont-Valérien, et avait déjà pris ses mesures... »

écrit, comme tout ce qu'il pourra écrire encore, ne saurait prévaloir contre la logique des faits.

Autre remarque. A propos du Bourget, M. Duquet, tranquille dans son cabinet, s'indigne à chaque page des défaillances et des faiblesses qu'il relève chez les troupes ; en cela il méconnaît une des lois les plus élémentaires de la philosophie de la guerre : une armée constamment battue depuis le début de la campagne, a nécessairement son moral déprimé. C'est là l'histoire de toutes les armées battues à toutes les époques ; c'est précisément en vue de ce résultat que les grands capitaines ont toujours cherché à frapper de grands coups dès le début des hostilités, plus encore en vue des effets moraux que des effets matériels. S'imaginer que dans le courant d'octobre 1870, il pouvait exister dans nos armées improvisées, *des troupes au moral intact, incapables de défaillances*, c'est méconnaître naïvement les leçons de la guerre ; s'amuser à relever, à grand renfort d'épithètes sonores, les faiblesses de tel ou tel bataillon, de tel ou tel chef, c'est ne pas se douter qu'elles n'étaient que les manifestations particulières d'une loi générale inéluctable ; autant vaudrait s'étonner, dans l'ordre des phénomènes naturels, que le sol soit détrempé quand il pleut depuis plus de deux mois.

Avant de terminer, un conseil « d'ennemi » à M. Duquet : celui de se relire.

Ainsi, dans son volume sur *Le Bourget*, on lit page 163, à propos du combat du 30 octobre : « Quelques pièces tirées des *innombrables canons* de M. Ducrot auraient sauvé la situation[1]. Mais, voilà justement l'affaire, M. *Ducrot n'entendait pas céder quoi que ce soit; il voulait bien prendre tout à tous, à la condition de ne rien donner à personne*, et M. Trochu lui obéissait, car il en avait peur. »

Si l'on tourne le feuillet, voici ce qu'on lit à la page 164 :

« Le 29 au soir, le quartier général (Louvre) fit demander par le télégraphe au général Ducrot, campé à Neuilly, *s'il pouvait disposer d'une batterie de 12 ; il répondit immédiatement qu'il pouvait disposer de sept batteries de 12*; puis les communications

---

[1] Quelle singulière vertu attribuée gratuitement à quelques pièces !

en restèrent là ; le lendemain seulement, on envoya l'ordre de mettre une batterie de 12 en mouvement. »

Ainsi voilà un général que M. Duquet, contrairement à toute vérité, ose nous représenter comme ne voulant pas lâcher un seul de ses canons nécessaires sur un point où il ne commande pas, et qu'il nous montre ensuite, une page plus loin, mais par mégarde sans doute, sous son véritable jour, offrant *immédiatement* sept batteries, quand on ne lui en demande qu'une seule [1].

C'est véritablement trop et devant un tel parti pris et de telles inconséquences, n'aurait-on pas le droit de mettre en doute, non plus la valeur technique de l'historien, mais sa bonne foi et sa sincérité ?

---

[1] Ne pas oublier que, lors de l'organisation des trois armées de Paris, c'est sur la proposition du général Ducrot que la division de Maud'huy fut enlevée à la 2ᵉ armée et attribuée à la 3ᵉ, commandée par le général Vinoy, pour lui donner un noyau solide.

Ne pas oublier non plus qu'au moment de l'attaque d'Avron, le général Ducrot mit spontanément son 2ᵉ corps (d'Exéa) à la disposition du général Vinoy.

Le général Ducrot n'a pas toujours trouvé, chez ses collègues, à Paris, pareille réciprocité de camaraderie et de solidarité, notamment le 19 septembre et le 30 novembre 1870.

ERRATA

Page 8, ligne 37, *lire:* nord-ouest de Climbach, *au lieu de:* nord-est de Climbach.

Page 8, ligne 38, *lire:* nord-ouest de Lembach, *au lieu de:* nord-est de Lembach.

Page 14, ligne 11, *lire:* 1re brigade, *au lieu de:* 1re division.

Page 17, ligne 8, *lire:* fournir l'indication, *au lieu de:* servir l'indication.

Page 19, ligne 34, *lire:* forme concentrée, *au lieu de:* force concentrée.

Page 35, ligne 31, *lire:* le 4 au matin, *au lieu de:* au jour.

Page 35, ligne 32, *ajouter* après le gros de sa division : après avoir été rejoint par le 45e venant de Niederbronn.

Page 36, dernière ligne de la note 1, *lire:* plus de 5 kilomètres, *au lieu de:* plus de 10 kilomètres.

Page 49, ligne 16, *lire:* incidents, *au lieu de:* accidents.

Page 81, ligne 2 de la note, *lire:* sa grande prévoyance, *au lieu de:* la grande prévoyance du général.

Page 114, ligne 18, *lire:* Puisqu'on avait écrit, *au lieu de:* Quand on a écrit.

Page 134, ligne 33, *lire:* serait couvert, *au lieu de:* sera couvert.

Page 138, ligne 11, *lire:* lors, *au lieu de:* au moment.

PARIS — IMPRIMERIE L. BAUDOIN, 2, RUE CHRISTINE.

LIBRAIRIE L. BAUDOIN

30, rue Dauphine, Paris

JOURNAL MILITAIRE

Renfermant l'analyse de toutes les Circulaires et Décisions ministérielles; le texte « in extenso » des Lois, Décrets et Règlements relatifs à la constitution, à l'organisation et à l'administration de l'Armée, etc.

107ᵉ ANNÉE

PRIX DE L'ABONNEMENT :

	Un an.	Six mois.
Paris et Province.............	10 fr.	5 fr.
Étranger...................	15 fr.	8 fr.

ABONNEMENTS POUR L'ANNÉE 1896
AU
JOURNAL DES SCIENCES MILITAIRES [1]

Directeur : L. BAUDOIN

30, Rue et Passage Dauphine, à Paris

72ᵉ ANNÉE (1896)

PRIX DE L'ABONNEMENT :

	Un an.	Six mois.
Pour la France	35 fr.	20 fr.
Pour l'Étranger (port simple).........	40 »	22 »
— (port double).........	45 »	24 »

NOTA. — Les abonnements ne sont reçus que par an du premier jour de chaque semestre.

(1) Paraît le 15 de chaque mois en une livraison d'au moins 10 feuilles d'impression (160 pages), avec cartes, plans et dessins
Les douze livraisons de l'année forment quatre volumes compacts d'environ 500 pages chacun.

Paris. — Imprimerie L. BAUDOIN, 2, rue Christine.

www.ingramcontent.com/pod-product-compliance
Lightning Source LLC
Chambersburg PA
CBHW060527090426
42735CB00011B/2403